知识论译丛

主编 陈嘉明 曹剑波

社会建构主义与科学哲学

Social Constructivism and the Philosophy of Science

[加]安德烈·库克拉 (André Kukla) 著

方环非 译

中国人民大学出版社

· 北京 ·

"知识论译丛"编委会名单

主编 陈嘉明 曹剑波

编委（按姓氏拼音排序）

毕文胜（云南师范大学）

曹剑波（厦门大学）

陈　波（武汉大学）

陈嘉明（厦门大学）

方环非（绍兴文理学院）

王华平（中山大学珠海分校）

徐向东（浙江大学）

徐英瑾（复旦大学）

郁振华（华东师范大学）

郑伟平（厦门大学）

朱　菁（厦门大学）

总　序

　　知识论是哲学的一个重要分支，它与本体论、逻辑学、伦理学一起，构成哲学的四大主干。这四个分支都是古老的学科。自先秦时期以来，中国哲学发展的是一种"知其如何"（knowledge how）的知识论（我名之为"力行的知识论"），它不同于西方的"知其如是"（knowledge that）的知识论，前者重在求善，后者旨在求真。不过相比起来，中国传统哲学在知识论这一领域缺乏系统的研究，是比较滞后的，这是整个传统哲学取向以及文化背景影响的结果。现代以来，金岳霖等先贤们在这一领域精心思辨，为它的学术发展掀开了新的一页。

　　近二十年来，我一直致力于推动知识论的发展，通过培养博士生的途径，逐渐形成厦门大学与上海交通大学的团队，在这方面做出了一些努力。按照自己的构想，我们在出版方面要做如下四件事情：一是推出研究系列的专著，二是出版一套名著译丛，三是编选几本知识论文集，四是编写一部好的教材。第一件事情在 2011 年即已启动，在上海人民出版社推出了"知识论与方法论丛书"，迄今出版了 11 部专著。第二与第三件事情，在曹剑波的积极组织与译者们的努力下，也已有了初步成效。首批"知识论译丛"的 5 本译著已提交中国人民大学出版社，即将面世。第二批"知识论译丛"已经开始准备。主编这套译丛，是为了方便读者了解与研读国外学者的知识论研究成果，从而推进该领域之研究的发展。第三件事情，由于编选涉及诸多作者，版权的办理比较麻烦等原因，所以受到影响。不过现在也已译出了两部国外的知识论文集，正在联系出版中。文集读本的一个好处是，能够将知识论史上经典论著的精华集于一册，使读者一卷在手，即能概览知识论的主要思想，这对于学生尤其有益。至于编写教材的工作，我虽然几年前已经有了个初稿，但由于觉得尚不尽如人意，所以一时还搁置着。值得欣慰的是，郑伟平已经完成初稿，并进行了多轮教学工作。我们希望以上这些工作能够持续进行，也希望有更多的同行参与，为繁荣中国知识论的学术事业而共同努力。

陈嘉明

2018 年 4 月于上海樱园

前 言

　　实在是由我们自己的活动建构而成的吗？是我们共同创造了世界而不
是发现了世界吗？那些通称为**社会建构主义者**的人倾向于以肯定的态度来
回答这些问题。建构主义这一话题经受着各类诠释的考验，从陈词滥调到
真正的惊世骇俗。通常情况下，人们依照不同的根据可能会怀疑，不同版
本的信息价值会与对其有利的情形所具有的强度成反比。我的目标在于弄
清楚情况是否确实如此。在本书中，我将会试图区分各种被称为建构主义
的观点，并评价每一观点的重要性和优点。我对**科学事实**是被建构的这一
论题会格外感兴趣。但是，我也会处理一些其他相关的建构主义理论。其
中最具冒险性的理论就是**一切**都是被建构的这一论题。

　　（科学）建构主义的文献来源于社会学家和科学哲学家两类群体，前
者趋向于成为狂热的支持者，后者则倾向于成为有着怀疑精神的批评者。
这两类文献我均会讨论。然而，我不会花太多的时间去审视或批评建构主
义者分析具体科学事实的具体细节。大多数情况下，我对社会学家的经验
性声明不予深究。我的问题是，这些数据是否可以支撑从它们那里得出的
形而上学、知识论以及（在更小意义上的）伦理学的结论。

　　建构主义这一话题似乎将哲学热情提升到了一个新的高度。一些人一
提到以 c 开头的词（c-word）时就会变得愤怒；而对于极度反直觉的"半
生不熟"的分析结论，另一些人则会不遗余力地狂热支持。最终，这种
先天偏好取决于一个人是否被赋予保守者或激进者的理性特质。有两种不
同类型的职业思考者：普通的（normal）科学家与"范式克星"（para-
digm-busters）。前者通过维持和完善既定传统来获得他们的职业满足；后
者是专业的麻烦制造者，其目标是彻底改变现状。前者坚称，一个全新的

观念在其获得被重视的权利之前需要极其令人信服才行。后者为了能提出一个具有煽动性的说法，则愿意承受更大的错误风险。前者由于建构主义破除旧习的纲领一开始就被排斥。后者则被一种幸灾乐祸的心理吸引过来，在建构主义主张——世界并不存在的观念——中明显伴随着这样的心理。沿着这一系列的思路，我的偏好又是在哪里呢？这将留给读者来评判。

这本书的另一个重要任务，是要明确哪些版本的建构主义属于该领域的标准论证范围。建构主义文献所犯下的过错远多于被我称为**突变**（switcheroos）的哲学原罪的通常数目。突变往往始于一个经得起各类解释考验的假设，给出一个支持弱版本的论证，然后便假定一个更强版本已经得以确立。例如，一个人给出了支持科学事实是在社会意义上被建构的理由，并且又自以为这些已经给出的理由假设了不存在独立世界。科学家们一致创造出而不是发现了科学事实，这一消息毫无疑问保证了一个大标题——但它不是在一个字体醒目的报告中，这个报告表明除了科学意义上被建构的实在之外或者在这样的实在背后，不存在任何非建构的实在。这个领域也充满着**反突变**（reverse switcheroos）：你提出了一个强版本的假设，然后当它陷入困境时，你就退回到一个较弱的版本，并伪装成这是你自始至终所想要的较弱版本的说法。突变和反突变可以同时进行，并且这个循环可以**无限**重复下去。对这一策略的明智而审慎的应用使得人们永远保持一个站不住脚的立场。

在我看来，这本书的主要读者是科学哲学家共同体。然而，我也试图让它为哲学专业的学生和有哲学兴趣的社会科学家所接受。我认为这本书适合作为研究生和高年级本科生在建构主义哲学课程中的主要教科书，这就是它的最终目标。

致 谢

第八章的最初版本在 1996 年荷兰蒂尔堡大学（Tilburg University）举 xi
行的建构经验论会议上宣读过。第十二章的早期版本于 1999 年在波兰克
拉科夫（Cracow）举行的第十一届逻辑、方法论和科学哲学国际会议上
宣读过。

本书的写作由加拿大社会科学和人文研究委员会提供研究资助。同
时，我也在与瑞贝卡·库克拉（Rebecca Kukla）、理查德·曼宁（Richard
Manning）以及哈维·西格尔（Harvey Siegel）的讨论和交流中受益良多。

目　录

1. 建构主义的界定

说"社会建构"和"建构主义"是模糊的词，这未免是对奇特现状 *1*
的轻描淡写的说法。在该领域的近期研究中，哈金（Hacking 1999）提到
了 60 多个在最近出版的刊物中被描述为社会建构的内容。这里有一份随
机挑选的样本：（当然包括）性别、疾病、女性难民、夸克、祖鲁人的民
族主义、印度森林、日本、爱尔兰、过去、情绪、实在、连环凶杀案、作
者、电视前的儿童观众、陆地卫星系统、白云石和自我（the self）。哈金
指出，这些推定性建构的分类不仅在数量上大得惊人，而且在类别上也显
著各异。在建构主义者主张的这些已被建构的内容中，我们发现人、非生
物、状态与条件、事件、实践、行动、经验、关系、物质、概念以及一种
哈金称之为"电梯词"（elevator words）的分类（因为它们在修辞和语义
上提高了话语水平）：例如实在、真理、事实和知识。

是什么让女性难民、陆地卫星系统和实在都被认为具有社会建构的特
质呢？哈金告诉我们："不要询问意义，而要追问要点是什么"（1999：
5）。他用三个条件句来描述这一要点：

> 社会建构主义者对于 X 通常有如下看法：
>
> （1）X 本不需要存在，或者根本不必如其所是地存在。X，或者
> 当前如其所是的 X，不是由事物的本质决定；它并非不可避免的。
>
> 通常他们会进一步主张：
>
> （2）X 如其所是非常糟糕。
>
> （3）如果 X 被终结，或者至少被根本性地转化，我们便会好
> 很多。

（1999：6）

后来，哈金增加了第零个（zeroth）条件：

2

   （0）在当前事态中，X 被想当然地认为，X 似乎不可避免。

（1999：12）

简言之，当我们出于极力避开的目的，想关注当前不可见的 X 的必然性时，此时 X 就可以说是被建构的。

  我能理解为什么条件（2）、（3）和（0）只是说给出了"要点"，而非"意义"。但是条件（1）呢？对于"X 是被建构的"这一真理，即使基于对物质的最传统的解释，条件（1）似乎也是一个明确的、必要的条件。哈金告诉我们，条件（1）是建构主义者关于 X 所"持有"的立场，这与（2）、（3）截然相反，后者仅仅是他们"强烈主张"的详细说明，而（0）则规定了他们"想当然"的东西。此外，哈金还告诉我们，条件（2）、（3）和（0）并非像建构主义者主张的那样是绝对本质的先决条件。它们只不过是"经常"被满足的条件而已。因此，尽管哈金做出了免责声明，但针对"X 是被建构的"所蕴含的意义，他还是做出了实质性的论述，完全不同于那种通过如此声明以便应用的实用目的。他认为，"X 是被建构的"推衍出 X 并非不可避免的。这可能不是一个非常完满的定义；但对于建构主义者主张的有效性来说是一个必不可少的条件。

  然而这就能说以上所有这些就是关于"X 是被建构的"的成真条件吗？我们说 X 并非不可避免就是断言非 X（not-X）是**可能的**。正如每个哲学专业的学生所知，存在着各种级别和各个种类的可能性。这里出现的诸多可能性中最为关键的是哪一种呢？哈金不愿纠结于这个问题。他的观点似乎是，建构主义者**并没有**把与必然性相关的概念写下来：如果哲学家们想知道建构主义者到底说了些什么，却不从建构主义者口中探寻，那么他们就不得不去弄清那些未被详述的观点。

  我赞同一般意义上的维特根斯坦式的看法，即模糊概念的使用并不机械地需要什么补救措施。但是，条件（1）根本没有说尽关于"X 是被建构的"的成真条件，正如那个短语被那些主张女性难民、实在和陆地卫星系统是被建构的人使用的那样。试想一下，在这些词的模糊性、未得以详尽表述，以及日常意义上，如果有什么并非不可避免的话，那么它就是一个怪异巧合，就像一颗坠落的小行星毁灭了纽约一样。不过没有人会倾向于说，一个事件的怪异巧合是社会建构的证据。建构主义者主张，非 X 的可能性在某种程度上一定是被限定了，由此排除了这类事件不再发生的可能性。

哈金的条件（1）由尼尔森（Nelson 1994）来进一步阐述。当讨论科学事实建构的特殊情形时，尼尔森写道，建构主义者赞同以下"建构主义反事实论证"（Constructivist Counterfactual Argument）： *3*

> 如果科学家们选择赋予相应的事实性（facthood）而非他们实际上所做的，那么接下来的历史将会因此呈现为一种与他们反事实地做出的选择相一致的世界观。因此，这种"事实"是由科学家的选择决定的，而非"客观实在"。

（Nelson 1994：541）

这个构想与哈金的条件（1）一致：建构主义者反事实的论证推演出科学事实并非不可避免——它们可能已经不同于它们之所是了。但是尼尔森进一步指出，这种必然性是因为这样的事实，即**科学家们可能已经做出了其他选择**。更一般地说，建构主义者主张中所争论的这类可能性指的是**自由的行动者选择去做某事，而不是他们事实上所做的**。的确，性别差异的社会建构就是基于这种观点，即这些差异可能已经不同于它们之所是了——这就是哈金的条件（1）想要告诉我们的。然而这仅仅是部分建构主义者的看法。此外，建构主义者关于性别的论题推衍出，如果人类主体已经做出了不同的选择，那么性别差异可能已经不同于它们之所是了。它们可能各不相同，仅仅这一事实似乎并不充分。因此，整个建构主义与"实在论"对抗只出现在这样的情境中——争论双方接受了良好的、传统的意志自由的形而上学。

简言之，若 X 是由有意向的人类活动产生，那么就可以说 X 是被建构的。一本字典在其首页中或多或少会告诉我们这一点。例如钢琴、电视机、奶酪三明治以及所有其他人工物（artifacts）都可以看作是被建构的。可以肯定的是，每个人都知道这一点——哈金的条件（0）无法满足奶酪三明治是被建构的。不过这仍然是一个真理，即奶酪三明治是被建构的，尽管不太深刻。**我们所有的观念都是被建构的**这一点只是稍微不那么明显罢了。如果我们采取不同的建构方式——例如，如果我们没有定义任何人为女性的话，那么我们将某些人概念化为女性这样一个事实将不会存在。但是对于女性的概念进行深入探讨是没有意义的。这同样适用于蓝色或夸克的概念。概念是人类所建构的这一观点有时与**自然种类**（natural kinds）学说形成对照，据此，一些概念模式（conceptual schemes）只能在自然预先存在的连接点上设法切割自然（可参看哈金的例子，Hacking 1999：82-4）。但这两个主张是正交的（orthogonal）。假设自然有连接点。那么我们的有些概念能成功切割自然的连接点，而有的则不能。但这并没有使原初的概念少了任何一项建构：如果一个复杂的人类活动模式与以往有所不同，我们不会把它塑造成特定的自然种类的概念。它在其连接点上切割自然的事实既不在这里，也不在那里。试图在其连接点上切割自然只是我们不知是否会承担的另一个可选择的项目而已。

当然，我们说女性或夸克的概念是被建构的，并不意味着女性或夸克本身是被建构的。实体本身是由有意向的人类活动创造的，这一主张得到越来越多人的赞同。以女性为例，就很容易看出女性是如何被建构的。这里有一个可行的（又完全不是原创的）方案。从女性概念的建构开始。我们把女性本质的所有传统附属都放置于这个概念里：精心养育、富有魅力、社交能力、弱方向感等。很自然，那些被应用到这个概念的人就知道这个概念是应用于她们的。这样的知识引导她们行为的方式不同于她们原本要表现的，倘若她们没有被如此分类的话。也许这打击了女性的自信心，导致她们的弱方向感。这个结果不仅是"女性"概念的社会建构，也是女性本身。如果没有产生某种带有意向的人类活动模式，女性就会是一种不存在的生物类型。

设计一个与常识相符的情境去证明夸克（不只是我们在概念上所说的夸克）是被社会建构的这一事实并不容易。然而我将在本书中进行讨论的恰恰是这一类主张——更一般地说，就是所谓的自然科学的事实是被建构的这一主张。

在我们开始讨论之前，有必要对三个话题进行区分，它们在建构主义文献中占据了大量篇幅。那些自称建构主义者的人有时会争论一些关于我们所生活的世界的部分或全部事实的**形而上学**论题，有时争论一些关于这个世界我们能够知道什么的**知识论**论题，有时争论一些关于这个世界我们可以说什么的**语义学论题**。本段前面对建构主义的刻画直接等同于形而上学的主张：女性或者夸克是被创造而不是被发现的。本书大部分章节会对这种形而上学假说的不同层级进行检视。

与建构主义相关的知识论主张是**认识相对主义**论题。这种观点意味着，任何信念都没有绝对的理由——也就是说，合理的辩护只有在与文化、个人或范式相关联时才有意义。形而上学论题和知识论论题通常被视作同一枚"建构主义"硬币的正反面。因此，法因（Fine）认为，赋予"建构主义"哲学旨趣的两个学说是"反实在论和相对主义"（Fine 1996：232）。尼尔森又写道：

> 哲学建构主义……在两种意义上是相对主义。首先是关于实体和过程的本体论相对主义。我们不能把科学家研究的现象看成是客观存在的实体和过程的必然显现；相反，理论上的实体和过程是由科学家**事后**构造（constitute）或建构的……建构主义的另一个相对主义与科学理性有关。在非相对主义的理性主义者看来……如果不能做出正确的科学决定的话，你们就应该根据统辖合适科学证据的运用的普遍标准……来做出有正当理由加以辩护的科学决定……而建构主义者否认那些标准的普遍性，就像他们对合理性所持的相对主义立场那样。
>
> （Nelson 1996：535-6）

我所用的术语与尼尔森有所不同。我通常将他所谓的"本体论相对主义"保留为"建构主义"一词，而我用"认识相对主义"来指他的"有关合理性的相对主义"。这里有被误解的风险，我有时把尼尔森的"本体论相对主义"用作**形而上学**建构主义论题。

（形而上学）建构主义和认识相对主义至少**表面看来**是两门独立的学说，尽管它们经常受到同一类人的支持。起初，建构主义并不明显地蕴含着认识相对主义。这（在表面看来）有可能将主张事实是社会建构的建构主义观点与反相对主义立场相结合，然而我们对于它们不会得出绝对为真或绝对为假的观点。至少**社会实在**的某些方面是被建构的，这一完全没有争议的论题则提供了一个很好的例证。金钱的价值就是一个社会建构的事实：那些我们称之为钱的纸能让我们买到东西，仅仅是因为它们能使我们买到东西这一点得到广泛承认。尽管如此，一个认为美元纸币不具有购买效力的孤立个体是绝对错误的。由此类推，可以主张，科学事实是社会建构的，但是一旦它们被建构出来，那么任何人不相信它们的话就是错误的。有不少建构主义理论家似乎都已经做出了声称建构主义，同时又否定相对主义这样的概念选择。拉图尔（Latour）和伍尔加（Woolgar）的《实验室生活》（*Laboratory Life*）是建构主义著作中最有影响力的文本之一，同时提醒读者注意的是，他们的立场"不是相对主义者的立场"（1986：180）。

反过来，把信念只是相对合理的与反建构主义假设相结合则是可能的，后者强调存在着独立的实在。这就是德维特（Devitt 1991）所说的"不彻底的实在论"（fig-leaf realism）。不彻底的实在论者只承认的确有独立于人类活动的某种东西的存在，但否认我们会拥有关于其属性的绝对知识。康德（Kant）就是一个不彻底的实在论者。现代社会学家和相对主义者卡琳·诺尔-塞蒂娜（Karin Knorr-Cetina 1993：557）也是。诺尔-塞蒂娜仍称自己是"建构主义者"大家庭中的一员，然而，一部分是基于她的相对主义，一部分是因为她把那些被相对化的科学事实看作是被建构的。

6　　区别于形而上学论题的第二类主张是语义假设。建构主义者习惯说，自然在科学主张的接受方面"没有任何作用"。当他们这样说的时候，他们有时将形而上学论题也考虑进去了：自然之所以在科学接受中不起作用，是因为可以说，正是在先的接受构成了自然的本质。可是，这个论证有时候也会有一个明显的语义上的转变。例如哈里·柯林斯（Harry Collins 1985）坚称，过去的语言习惯不能决定未来语词的应用。由此可知，句子没有确定的经验内容：这里的事实没有质料，不论一个事件是否能证实或证伪一个假说。当然无论是证实还是证伪，都可以达成这个结果。由此，自然在科学接受中不起作用了，原因在于它没有以必要的方式与语言搭上边。这种**语义建构主义**，至少**表面看来**，独立于（认识）相对主义和（形而上学）建构主义。语义学论题涉及句子，而相对主义论题则涉及信念。当然，通过**默会**知识（tacit knowledge）的概念能够使语义建构主义与对相对主义的否定得以调和：尽管句子并没有确定的经验内容，但我们或许仍能拥有关于世界的完全正确的非命题知识。那也就是说，我们可以心照不宣地知道接下来会发生什么，并采取相应行动，即使理论上我们无法**表述**接下来会发生什么。一个逆命题（converse proposition）——相对主义不能推演出语义建构主义，在直觉上让人不可抗拒。对信念的辩护都是相对的，这一事实并不意味着不存在任何绝对为真的句子。这只是意味着，即使有绝对为真的句子，我们也无法完全知道它们是哪<u>些</u>。同样让人信服的是，语义建构主义独立于形而上学建构主义。世界可能是社会建构的，即使句子有确定的经验内容；世界有可能独立于我们的建构活动，尽管语言的限制使我们无力描述它。

我要强调的是，上述评论仅仅是为三种独立的建构主义论题所提供的一个**表面**状况。我的看法不过是，这些论题显然并不构成要整体接受或拒斥的一整套理论。然而，这三种学说之间确实有错综复杂的联系。这些联系将会在接下来的几章中详加论述。

2. 建构主义与科学知识社会学

　　（科学）建构主义者谈及他们的先驱基本成了一个固定的传统。学生们在参加他们那些关于科学的社会研究的课程的第一天便会碰到这样的故事分享。伍尔加（Woolgar 1988）和阿什莫（Ashmore 1989）在已出版的书里就提及这样的做法。据阿什莫说，其主要意图还是为新的研究纲领（research programme）建立原创性。这个做法试图通过"一种使新的研究纲领从其他纲领之中分离出来的策略"来实现这样一个目标（Ashmore 1989：3）。这将会回避由建构主义提出来的疑问——询问这个说法是否客观正确。非建构主义的思想史学者至少会指摘它过于简化。然而，不得不承认，它告诉我们在面对世界时，建构主义者希望呈现一些有用的东西。这个说法大致就像下文所述的这样。

　　建构主义立足于社会学史上两股潮流的交汇点之上：知识社会学和科学社会学。知识社会学来自三位重要思想家的愿景：马克思（Marx）、曼海姆（Mannheim）、涂尔干（Durkheim）。他们三位都强调社会因素在塑造个体信念中的因果性作用。马克思主义有个著名论断：社会阶层决定各式理智态度（Marx and Engels 1963）。曼海姆（1936）和涂尔干（1915）同时扩大了在因果意义上相关的社会因素的范围以及受其影响的理智态度的范围。但是，像在他们之前的马克思一样，他们把从社会分析中得来的数学和自然科学所形成的信念排除在外。科学信念被认为理性的而非在因果意义上被决定的，因此它胜过社会和文化的影响。正是这种认识的二元论将知识社会学中的古典时期与它的更现代的表现区分开来。

　　先将科学知识的问题放置一边（暂时从框架中走出来），一些信念是社会建构的这一普遍论题几乎很难被否定。同在每个个体社会中发现的意识形态变化相比，它充分证明了不同社会之间存在的意识形态上的巨大差异。把伊斯兰教意识形态在利雅得的盛行与在特拉维夫周边的盛行做对比，或者将 1955 年左右的共产主义在列宁格勒的传播与在亚特兰大的传播做比较。从统计层面来讲，将如上差异归因于这样一个假设，即两个个 *8* 体小组成员在评估《古兰经》或者卡尔·马克思的主张时独立于其社会环境，这显然是荒谬的，由此他们只是偶然得出像其他社会成员一样的结论。社会决定的精确程度对于一般经验研究而言是一个问题——只要科学信念继续被排斥在外。很快就会看到，当社会学家试图脱离具有优先性的一类信念来把握整体时，事物会变得更为复杂。现在不妨再回到这个说法。

　　另一个建构主义的先驱是"科学社会学"的罗伯特·默顿（Robert Merton 1973）及其追随者。这个名称可能会导致人们认为科学社会学是处理科学知识的知识社会学的亚学科。但这不是默顿**等人**所认为的。他们研究科学**制度**如何得以组织。他们试图阐明由科学家的职业所创造的各类社会角色，促进科学活动的奖励系统，等等。正如常被提及的，默顿式科学社会学被恰如其分地描述为关于**科学家**的社会研究。然而，科学**知识**仍存在于社会学分析范围以外。

　　近来，社会学家试图将包括古典知识社会学传统的各类型社会解释应用到科学的知识性内容上。这一举动的灵感往往被认为来自托马斯·库恩（Thomas Kuhn 1962）。库恩的一个著名论断：科学活动的进程是由科学共同体对一个范式的选择而塑造的。在库恩的解释中，这个选择并不是由前科学的内容合理地控制的。这是个非理性的、感性的飞跃。现在，库恩对该飞跃方向的决定性因素已经没有任何系统的说明了。但是他的分析在社会原因的解释这方面打开了一扇门：如果理性思维不决定范式选择，那么去哪里寻找决定性因素呢？对科学内容的一种详细的社会解释可能已恰如其分地被称作科学社会学。然而，仍然感觉有必要将他们的领域从默顿的科学社会学的标签中区别出来，新领域的研究人员已经将之称为**科学知识社会学**（Sociology of Scientific Knowledge，Woolgar 1988：41）。幸运的是，这个具有十二个音节的词组（对比一下物理学）通常被简称为 SSK。这个故事到此为止。

　　基于这一观点，我开始构建我自己的框架。需要注意的是，我这个故事的来源正好与 SSK 所创立的目标相关联。建构主义是从哪里进入的呢？好吧，如果科学信念是由社会原因所导致的，那么它就是"被建构的"，用第一章中所引入的该术语的宽泛意义来说：如果科学家、慈善机构的官员以及其他工作者的社会活动完全不同的话，那么它就不是它所是的那样。事实上，仅就他们视科学事实具有社会原因这一点，科学知识社会学家经常被称为建构主义者。然而，**一些**科学知识社会学家——绝不是所有的——已经提出了一个更为大胆的论题。根据拉图尔、伍尔加、诺尔-塞蒂娜、柯林斯（Collins），（尤其是）皮克林（Pickering），不仅科学**信念**是社会建构的——这就是一个科学事实。如果科学的社会历史已经大不相同，那么根据一般意义上的科学知识社会学家们所言，我们就不会有关于夸克的信念。这个论题相对容易理解并吸收。但拉图尔等人走得更远。他们宣称，如果社会历史已经有所不同，**就不会有任何夸克**。当科学哲学家们谈论建构主义时，在他们脑海中往往有更强的论题。在第一章中引用的由法因和尼尔森所提出的建构主义刻画便是这种用法的例证。我自己的语言习惯已为这类哲学文献所形塑。这就解释了我在讨论社会科学家对建构主义的综合观念，与科学哲学家更具有范围限定的观念之间所表现出的含糊其词。在法因看来，尼尔森和我仅仅假设科学信念具有社会原因这一点不足以使我们成为科学建构主义者。关于科学的建构主义涉及这样一个主张——社会进程产生了科学事实。

不少科学知识社会学家们明确否认法因、尼尔森以及我所理解的建构主义这个术语的有效性，提及他们的名字是很容易的。同样很容易提及一些科学知识社会学家，他们不支持被我称作**语义**建构主义的观点，即句子没有确定的经验内容——我将会在下面揭示这些名字。命名一个既否定这些建构主义又否定知识相对主义的科学知识社会学家并不容易。我想在本章中提出的要点是：科学知识社会学在概念上独立于相对主义，正如它同样独立于形而上学和语用的建构主义那样。应该没有任何科学知识社会学家会支持一种绝对主义的知识论，但是也没有不支持的明确理由。

对科学知识社会学的主要原则做出最具影响力的描绘就是大卫·布鲁尔（David Bloor 1976）的知识社会学的"强纲领"（strong programme）。根据布鲁尔的阐述，知识社会学的理论和研究应遵循以下方法论准则：

1. 知识社会学是有因果的，也就是说，它涉及导致信念或知识状态形成的条件。很自然，除了导致信念时相互合作的社会原因之外，还有其他各类原因。

2. 知识社会学在真与假、合理与不合理、成功与失败等方面不偏不倚。这些二分法的两面都将需要解释。

3. 知识社会学在其解释风格上是对称的。同样的原因将解释，比方说真与假两种信念。

4. 知识社会学是自反的（reflexive）。原则上，它的解释模式不得不适用于社会学本身。

（Bloor 1976：4—5）

布鲁尔没有提出具有任何方法论上新颖性的主张。相反，他坚称，如果你 *10* 要"科学地"介入知识社会学的话，那么强纲领的四个信条就应该掌握。它们"理所应当地与其他科学领域一样，包含着相同的价值"（4）。很显然，仅仅以科学的方式待之，就会让你相信以下结论：存在着对科学信念的社会解释，原因在于对某些非科学的信念同样存在着不容置疑的社会解释，而且第三原则也告诉我们同类解释可用于各种信念。根据布鲁尔所阐述的，知识社会学变得科学仅仅决定着一个认识相对主义的立场（Barnes and Bloor 1982）。确切地说，如何从布鲁尔的四个信条中得出相对主义，这一问题将适时加以解决。

布鲁尔的纲领性陈述已受到劳丹（Laudan 1981）的持续批评。一开始，劳丹注意到布鲁尔没有对"科学"和"非科学"之间的区别提供任何明确的标准。结果就变成，根本不可能来评价强纲领是科学的这一主张。此外，除非通过布鲁尔的稻草人，否则原则1、2、4都无关紧要，而且真实性也毫无争议。最重要的是，第3个原则无论是在什么基础之上，都被认为是站不住脚的：

1. 所有信念均由"相同类型"原因所解释这一主张是过于含糊（怎么样才算是相同类型呢？）；

2. 即使对称性原则做出了明确的主张，它仍然会犯一个试图用先天命令去解决一个经验论题的过失——无论我们对"相同类型"

所做的解释是什么，我们当然需要看一看是否有两类现象是由同一类原因所导致；

3. 已确立的科学并没有呈现出任何利用类似对称性原则的迹象；

4. 区分理性信念和非理性信念的方法是没有问题的，以至于可以令人信服地认为，它们**的确**有不同类型的原因。

我认为布鲁尔（Bloor 1981）非常成功地回应了劳丹。例如在这里，他如何避免了这样的责难，即强纲领是科学的这一主张没有什么实质性内容。他承认，他不能明确阐述一个把科学从非科学中区分出来的明确标准，但正确地指出这一点并不意味着不能做出区分。事实上，当劳丹告诉我们对称性原则对**科学**没有用时，他自己看起来却依赖科学与非科学之间的区别。在为布鲁尔进一步（但仅仅是局部的）辩护时，我将会补充，针对对称性原则的第一条批评——什么是"相同类型"的原因这一点并不清楚，有效地消解了后三个批评。由于不知道什么是"相同类型"的原因，它确实没有足够的信息来获知，已确立的科学**没有**寻求为其所涉及范围之内所有现象假定相同类型的原因，或者也无法获知合理与不合理的信念没有相同类型的原因。甚至不可能确定地说，这个论题有必要在经验意义上得到解决：如果把任何两种自然主义原因视为相同类型的话（与非自然主义因素例如上帝意志相比），那么就有可能认为，自然科学有一个先验的承诺，要为其所有现象提供同类解释。在最糟糕的情况下，对布鲁尔四个信条的批评表现为：它们是模糊的看法和毫无争议的陈词滥调的集合。这并非说它们错了。

事实上，对于布鲁尔而言，模糊的看法和毫无争议的陈词滥调足以确保他想要获取的一半结果。强纲领的四个信条是确立以下两个论题的尝试。第一个论题是，与马克思、曼海姆和涂尔干的经典**弱纲领**相比，知识社会学有着无限的范围：这些包括自然科学信念在内的所有信念，都是社会解释的备选。第二个论题是相对主义。我的主张是，劳丹批评的有效性或者无效性与这两个核心论题的排列无关。即便接受了劳丹的批评，第一个核心论题也确定无疑，因为它不过是用一系列陈词滥调来确保它。第二个核心论题并不遵循布鲁尔的四个信条，即便劳丹的批评是**无效的**。让我们来看看为什么会这样。

第一个核心论题是，所有信念，包括合理的与不合理的信念，都是以社会性术语来进行解释的备选。劳丹坦率地承认这个论题是正确的：任何一类信念的因果决定因素只能由经验研究来确定，并且排除在先天基础上的任何可能原因都是不恰当的。然而他指出，虽然所有的信念都有社会原因，但仍可能有**额外的**因果性因素——它们不同于合理的与不合理的信念，并且它们可能辩护了对其认识状态的不同评价。事实上，他主张，至少针对合理信念的共同观念而言，这一定是个具体的实例。在承认其他观念存在的同时，劳丹规定了一个行动者的理性是什么样的。

（它）存在于他所参与的一个推论过程，以确定他的目标和先前的信念需要他有什么样的行动方式。为了理性地接受一个信念，这个行动者必须能够详细地说明理由……为了接受那个信念而不是与之相反的信念。

(187)

大致说来，如果在不考虑先前推论的前提下接受这个信念，也就是冲动之下接受这个信念，那么它就会被视为不理性的。劳丹继续说道：

假定有一组理性的行动者。假定我们通过这组个体"修正"其信念来辨识规范……进一步假定，这些规范要求行动者在他们接受之前，对预期的信念采取某些形式的检视和分析。最后，设想一个比方说叫作知识无政府主义者的非同寻常的共同体。根据到目前为止对这些事情所取得的共识，他们的观点是：一个人独立于任何共有的认知策略来接受某些信念。人们对自己的信念也许有理由也许没有理由；人们对此可能有证据也可能没有证据，等等。现在，要解释这两种社会信念的社会学家，在这两种情况下将他的解释归因于每个社会的信念—统辖规则。这就是共同接受的核心观点。但两种情况下的"原因"恰恰是完全不同的……这个假设性例子说明的是，合理的与不合理的行为都可能有大量的社会因素，甚至当产生合理与不合理信念时，其因果机制也完全不同。

(190-1)

这里，劳丹承认知识社会学有无限范围的可行性。所以，他与布鲁尔的分歧是什么呢？就是他对两个共同体的设想大概显示了对称性原则是无根据的。继续引用上一段落：

> 一个为所有形式的知识的社会学化纲领**无须**承诺因果对称性论题……初步证据……表明，不同类型的因果机制涉及合理的与不合理的行动。如果这是一个事实，那么这一事实并不妨碍以整体的视角来审视社会学的预期范围。不过我仍然怀疑，这是一个针对知识社会学的布鲁尔—巴恩斯强纲领版本做出重大保留的来源。

> (191)

但是，要再次重申，鉴于劳丹对对称性原则的**其他**批评——也就是说，它是太过含糊以至于毫无实质内容——人们必须推断出，在最后一段里所表达的"重大保留"其本身也没有实质内容。在"以整体的视角来审视社会学的预期范围"和"布鲁尔—巴恩斯强纲领版本"之间，没有值得保留的差异。对四个信条的反对不是知识论的——而是**美学的**。最坏的情况是，这四个信条只是令人厌恶又毫无用处。

布鲁尔想确立的第二个论题是相对主义。劳丹声称，他将会论证"相对主义由对称性理论推衍出来"是"无根据的"（Laudan 1981：184）。在此基础之上，则是有关上文引述过的两个共同体的故事。现在这个论证的结论对相对主义只字不提：结论就是对称性论题是错误的。这显得十分古怪。正如劳丹所告诉我们的，如果相对主义是由对

13 称性原则推衍而来，那么通过反对对称性原则而意图表明相对主义毫无根据，就犯了否定前件的谬误。然而，还有其他段落以一个更有利的方式来阐述劳丹的论证策略。有时候，他又写道，相对主义好像不仅仅是由对称性原则**推衍出来**——他认为对称性原则已然是对相对主义立场的描述：

> 大致说来，对称性论题是**认识相对主义**的一个强表述……

> (Laudan 1981：184)

这一针对对称性原则与相对主义关系的辨识正是劳丹和布鲁尔观点取得一致的地方。当我讨论布鲁尔为相对主义辩护时，我将会说得更详细

一些。无论如何，它解释了为什么同一个论证能够为劳丹起到双重作用。目前，我们姑且接受对称性原则与相对主义是相同的，或者对称性原则能直接推衍出相对主义。与事实相反，让我们也假定布鲁尔的强纲领以及劳丹发觉可接受的科学知识社会学的整体是极其不同的领域。（这相当于假定布鲁尔和劳丹就对称性原则形成了明确的解释，他们就其真值如何还存在分歧。）即使如此，我并没有看到劳丹的科学知识社会学思想是如何摆脱相对主义的，倘若布鲁尔的原初纲领推衍出相对主义的话。大致说来，之所以强纲领导致相对主义，是因为它假定信念是由社会因素所造成的。根据劳丹所言，合理的信念是慎思过程的结果。现在，劳丹承认，我们慎思过程中所运用的规则是由社会因素所造成的。不过很显然，如果信念的直接社会原因将这些信念相对化的话，那么我们慎思规则的社会原因一定同时将这些信念相对化，它们来自那些规则所决定的慎思过程。

在这里，劳丹对"合理的"一词的使用容易误导我们。毕竟，他所叙述的两个社会中有一个拥有绝对合理的信念，而另一个则没有——绝对合理信念的存在难道与认识相对主义的论题完全不兼容吗？这当然只是一个文字游戏。就像布鲁尔在其回应中指出的那样，恰如劳丹所定义，一个信念的合理性与在认识相对主义中处于关键位置的认识根据没有意义上的联系。劳丹的"合理性"是个纯粹描述性概念，缺乏规范性含义。这一点通过以下事实可以清楚地看出来，人们在逻辑上无论是主张恰恰是劳丹故事中的慎思型社会犯下了认识错误，还是主张冲动型社会在正确的认识轨道上，都是开放的。这样的观点可以说是浪漫知识论（romantic epistemology）的一部分，它主张自发性，并将慎思视为始终带有强迫性的、无效的。根据这个观点，第一个社会的"合理的"（也就是协商的）信念将会是"不合理的"（也就是无根据的），而第二个社会的"不合理的"（冲动的）信念将是合理的（有根据的）。因此在劳丹的意义上，*14* 信念的"合理性"或者"不合理性"并没有述及认识相对主义和绝对主义相对抗这一论题。前一段的结论表明：如果强纲领涵盖或者推衍出相对主义，那么劳丹的中纲领（medium programme）也是如此。

但是，强纲领的四个信条涵盖或者推衍出相对主义了吗？像劳丹一样，布鲁尔写道，对相对主义的赞同似乎并不是**基于**接受那四个信条，就像它是由接受四个信条而**构成**那样。他有时直接将相对主义等同于对称性原则：

> 我们要辩护的那种相对主义形式——就是所有信念就其可信性的原因而言都是彼此相似的。

（Barnes and Bloor 1982：22-3）

我对"相对主义"一词的反常使用并无异议——只要牢记我们谈论的不是**认识**相对主义学说，简而言之，根据这一学说不存在什么有根据的信念，而只是在谈论与社会有关的有根据的信念。如果巴恩斯和布鲁尔想从他们的"相对主义"转向认识相对主义，他们有必要给出一个论证。然而他们不经任何论证，就开始了一场概念之旅。在将"相对主义"界定为对称性原则后不久，并且在没有居间做出为这一转换加以辩护的尝试的情况下，他们写道：

> 对于相对主义者而言，根本没有什么意义要被附加到以下观念之中，即某些标准或信念确实是合理的，就像它们不同于局部被接受那样。

（27）

为何如此呢？最近，弗里德曼（Friedman）提出了同样的修辞学问题：

> 在经验与自然主义意义上描述信念是如何变得局部可信，为什么这一根据事实的领域与另一根据规范的领域——明确说明这个非经验的、规定性结构且信念据此而应该被接受，应该是相互对立或者彼此冲突呢？

（Friedman 1998：244）

比如，为什么我们不能同时说，我们所有的信念都有社会原因，并且社会动力的特定分布产生了我们的观点得以完全保证的一个认识局势呢？假如我们**不能说**这样的话，就等同于主张由社会原因所引发的纯粹事实导致一个无法得以完全保证的信念。即使最终的结果是这样，它也未必如此明显。至少，它需要论证。

这个论证会是什么样的呢？当我试图思考这个论证的时候，我只能形成如下想法：在信念的社会原因和它的认识状况之间没有本质联系（无论那意味着什么）。虽然某些社会形态使我们正确地获得我们的信念，如果我们只是猜对了，那么我们对于它们不会有更多的认识**根据**。相较之，当我们的信念原因是**理由**（reason）时，在它们的原因和它们的认识地位之间就有着直接的概念上的关联。然而，这条思路走入了死胡同。如果"理由"被概念化为提供了因果性解释，那么当原因是一个理由而非一个社会的状态（state of a society）时，原因和认识地位之间就没有更多的"本质联系"。不妨来看一下我对关于 Q 的信念的解释：正因为我有一个在先信念 P，P 蕴含 Q，并且假言推理是有效的推理形式，因此我相信它。如果这被理解为一个**因果**解释，那么这只是偶然运气之下的一件事——这个世界被如此建构，以至于我在先的信念碰巧产生了正确的认识结果。在另一个可能的世界里，我有信念 P，P 蕴含 Q，并且假言推理是有效的，这就能够让我采纳一个完全不相关的信念 R。这些信念产生正确结论这一事实在该情况下产生所带有的偶然性，不亚于它产生于特定的社会状态那样的偶然性。因此，相较于任何其他什么类型，不存在任何关于**社会**原因的特别衰弱的形态。我们必须承认，要么导致它们产生的显而易见的事实否定了我们**所有**信念的认识根据，要么每一类因果关系均与被保证（being warranted）相互兼容。

如果我们认为每一类因果关系是与被保证相互兼容的，那么很显然，我们就没有理由假设强纲领推衍出了相对主义。假使我们说因果关系常常否定了认识根据，又将会怎样呢？那么，我们必须要在以下两个选项中进行选择：

1. 接受反自然主义的观点——一些信念（指有合理根据的信念）不受因果关系的约束，也即退到马克思等人的弱纲领；或者
2. 接受全面怀疑论——据此任何信念都没有根据。

现在看来，巴恩斯和布鲁尔所拥护的认识相对主义与第二个选项**相容**；但认识相对主义不是由第二个选项**推衍**而来。我们都知道，相对主义者所接受的那类相对的认识根据可能与因果关系不相容，在这种情况下，我们就将不得不做出选择，要么是弱纲领，要么接受一种怀疑主义，这种

深深的怀疑导致它消解了被相对化的知识主张。我们没有办法知道是否如
16 此，除非我们确实搞清楚这个论证表明因果关系否定了绝对根据。强纲领
的拥趸们绝不是无意识地承认认知相对主义，那些想要接受相对主义的强
纲领的信徒欠我们两个论证：

1. 因果关系否定绝对根据，且
2. 它**不**否定相对根据。

或许强纲领的自反性假设将会做对称性假设所不能做的工作。相对主
义科学知识社会学家们需要否认某些因果关系配置可能产生认识上有根
据的观点。假定 X 是它们需要否认的命题。如果所有的信念都是因为什
么原因而被引致的，那么通过自反性，有关 X 的信念也一定同样如
此——于是我们没有根据接受 X，除非我们**已经**相信我们有根据接受某些
有起因的信念。换言之，除非我们已经接受了它，否则我们没有根据接受
X。这是否意味着我们没有根据接受它呢？这取决于经验性的细节。如果
关于 X 的信念的起因属于我们假设中所说的**不能**导致有根据信念的类型，
那么我们就会陷入困境。这种情况类似于《圣经》的激进主义者在《圣
经》中发现这样一段，告诉他**不要**相信任何东西，只是因为书上是这么
写的。在这种情况下，这个假设被认为是站不住脚的。但如果在 X 中的
信念的起因是根据 X 自身导致有根据信念的类型，那么就没有站不站得
住脚的问题。这种情况类似于《圣经》的激进主义者在《圣经》中发现
这样一段，它宣称《圣经》里的一切都为真。诚然，这样一个发现并不
能**证实**这个假设。但它也不会制造麻烦。相反，它表明这个假设至少通过
了一项测试——内在一致性测试，不是每一个观点都能够通过这项测试。
所以，当一个强纲领的反相对主义支持者可能被警告在没有充分证据的基
础上就接受一个信念时，正如布鲁尔和劳丹所做的，我们就不能主张强纲
领的支持者们无意识地承认相对主义。

尽管没有先做讨论就将对称性原则转换为认识相对主义，但巴恩斯和
布鲁尔终于开始准备为这一行动提供一些说法。这就是他们对可能性的看
法，即一些信念可能有着绝对的根据，即使它们都由于什么原因而产生：

所提出的指摘就是社会学家将有效性（validity）和可信性

(credibility) 混为一谈。但是——脱离了可信性的有效性就什么也不是了……再看一下 T1、T2 两个群体。对于 T1 的一个成员来说，从 T2 的文化中仔细审查对他而言什么是特有的信念，对信念的有效性和可信性之间的区分就会有一个明确的观点。他会说，只是因为被误导的 T2 成员们相信不能使之成真的东西。他可能会补充道，它的对或错必须是独立于信念而确立的。不过很显然，他想要表达的 "独立于信念" 是独立于他人的信念，例如 T2 的成员。至于他自己的那部分，他别无选择，只能使用他自己所在群体可接受的方法和假设…… *17*

如果我们虚构出来的群体成员从各方面来说都是复杂的，他可能意识到他会遭到诡辩的责难，并且在他自己的情形中，他已经破坏了他曾一直坚持的区别。他将他自己信念的有效性和可信性等同起来，他如何回应这样的指摘呢？作为对其立场更为谨慎的陈述，他可能会声称，他自己的群体相信一些事情，甚至不是事实，就其本身而言足以使之成真。但接下来他又不得不通过补充说明来修补承认这一点所造成的损失，它仅仅是一个事实，即他的群体所相信的是真的。或许，一个仁慈的上帝，在这里将这两个本质上不同的事物联合了起来。

(Barnes and Bloor 1982: 29-30)

巴恩斯和布鲁尔主张的似乎是，绝对论者对有效性和可信性之间的区分就是概念上的复杂化，它不会使你获得任何东西。即使这是对的，值得注意的是，它与那种主张相对主义包括在强纲领内，或者相对主义在逻辑上由强纲领推衍出来不是同一回事。巴恩斯和布鲁尔的分析没有对反相对主义强纲领的**融贯性**提出质疑。它只是表明，相对主义强纲领是一个比反相对主义纲领更好的元理论（metatheory）。坚持在有效性和可信性之间做出区别的 T1 群体中的绝对论者要讲出一个合乎情理的故事来。相对主义者的故事恰恰更简单——它删去了关于他的信念绝对为真这部分，总之这部分看起来没有起什么作用。

这里有一个来自绝对论者的回应。我承认相对主义者的故事更简单（虽然这一点也不明显）。但我不承认有效性和可信性之间的区别没有任何意义。在第十五章中，我将论证相对主义正如我之前的学者们所断言的那样，它具有无法复原的不融贯性。如果这一点是正确的，那么绝对主义在简约性方面的损失足以抵扣逃避不融贯性所需的补偿。如果群体成员声称，他所相信的碰巧为真，这能帮助他避免无意义的对话，那么他就会有一个很好的理由去断言这一点。当然，直到第十五章，巴恩斯和布鲁尔的反驳才基于一个有着基本约定的注释。尽管如此，现在可以得出这样一个重要的说法，据称更简约的相对主义并不能以有利于自身的方式来解决这一问题。可能还有其他理论的补偿形式。

18 总结一下上面几页的结果：对一个具有无限范围的科学知识社会学的接受并不能推衍出对相对主义做出的承诺。根据接下来将揭示出的相对主义是不融贯的这一说法，这对科学知识社会学而言是一件幸运的事。同样显而易见的是，相对主义的立场并不能决定一个人对科学知识社会学的观点。一个人既可以像布鲁尔和巴恩斯那样，是一个相对主义者，同时也可以是一个科学知识社会学家；或者一个人可以是相对主义者，同时又否认社会原因引致一切事物。相对主义和科学知识社会学是两个不同的主题。

更为明显的是，你可以是一个科学知识社会学家，但同时不是一个形而上学建构主义者。所有你必须说的是，科学接受是社会原因造成的，但至少有一些科学假说或真或假，取决于独立的、先在的世界是什么样的。巴恩斯和布鲁尔属于这一类型的科学知识社会学家。事实上，他们承认，在形塑我们信念的过程中，有关独立世界的非社会事实与社会力量可能会一道发挥作用：

> 至于相对主义知识社会学，除了对感觉刺激的作用采取一个完全开放、实事求是的立场以外，没有必要采取任何别的措施。这同样适用于其他任何物理的、遗传的或心理的和非社会的原因——它们必须最终在整体知识的解释中找到一个位置。当眼睛转向某个方向时，物质对象的刺激确实是知识中的一个因果性因素，并且其作用是通过观察这种原因如何与其他原因相互作用而被理解的。否认对事实的信念所产生的影响完全没有什么问题。

（Barnes and Bloor 1982：33）

不妨将这一点与形而上学建构主义者中的极端论者——史蒂夫·伍尔加加以对比，他的说法如下：

> 我们可以声称现象……的存在独立于其表达方式，这毫无意义……话语之外，没有对象……话语的组织就是对象。世界上的事实和对象不可避免地均是文本建构。

（Woolgar 1988：73）

这样足够清楚了吗？

支持语义建构主义的科学知识社会学家和其他不支持语义建构主义的人也大有人在。诺尔-塞蒂娜就是如此。巴恩斯、布鲁尔以及哈里·柯林斯（Barnes and Bloor 1982；Collins 1985）则是支持者。总之，科学知识社会学能够且是在既遵守也不遵守三个建构主义论题的情况下得以实践的。建构主义是在进行和思考科学的社会学研究过程中产生的一种思想（实际上是三种思想）。不过，至少在我使用这个术语时，它的主张明显超出了"所有科学决策都有社会原因"这一基本立场。我们应该记住这个结论。我将在之后的章节里讨论对建构主义的一些严厉批评。然而，尽管这些批评可能具有破坏性，但它们不会影响科学知识社会学的地位。

3. 多样化的依附

说事实是被"建构的"，大致上是说，它们之为事实取决于某些人类行为的发生。这样的话，对建构主义的否定就是认为，事实独立于人类活动。根据博伊德（Boyd）的看法，这是表述**实在论**的哲学立场的几个论题之一。例如，关于科学的理论实体的实在论可以推衍出以下观点：

> 科学理论所描述的实在很大程度上独立于我们的思想或理论承诺。

（Boyd 1984：42）

在博伊德的阐述中，建构性人类活动是认知性的（"思想或理论承诺"）。最近大部分（但不是全部）有影响力的建构主义形式特别挑选出一些社会活动，例如协商，作为关于世界的事实的决定因素。正如它实际表现出的那样，本书中的讨论恰巧达到了这样一个水平，它不要求针对哪些人类活动要为这样的事实负责做出准确无误的描述。面对建构者（constructans）的巨大变化，我的结论仍是强有力的。然而，这不可避免地要求将事实"依赖于"行为意味着什么弄得更清楚一些。

当他们谈到事实对人类活动的依赖时，建构主义者已经想到了几种不同的关系。目前，让我们把讨论限制在科学事实的建构中。科学事实据说"依赖"于人类活动，这是最直接的表达，在什么意义上可以这样说呢，事实是关于实体与过程的，它们因为科学家的活动而**得以发生**，并且在没有科学家活动的情况下就不会发生。诺尔-塞蒂娜提醒我们，在一定意义上，包含着科学数据的事件确确实实也毫无争议地是由科学家及其所付出的那些东西而产生：

> 在实验室里，科学家们的研究操作都基于那种高度预先建构的

（preconstructed）人工实在（也是在其内部进行操作）……科学家们
工作所用的材料源同样是预先建构的。植物和小白鼠是专门培育并选
择性繁育的。使用的大部分物质和化学制品是被提纯过的，并且是从 *20*
服务于科学的行业或其他实验室获得的……简而言之，在实验室里，
我们找不到对于探究的描述主义解释如此至关重要的"自然"或
"实在"：对于来自外部世界的观察者而言，实验室将其自身显示为
一个行动场所，"自然"则尽可能地被排除在外，而不是被包括在内。

（Knorr-Ctina 1983：119）

让我们称这理论为**物质建构主义**（material constructivism）。

关于物质建构主义，有必要提出三点。第一点，它是无可争辩的。假
如来自人类活动的科学事实的独立性，仅仅意味着如果人们不做某些事
情，事实将不会是其所是，那么不得不完全承认科学事实是被建构出来
的。此外，我认为必须承认，在某种**程度**上，科学家们将自己放置于一个
被他们自己制造出的实体和过程环绕的环境之中，直到最近，也未从根本
上得到科学哲学家们的恰当评价。有人可能轻率地认为科学家在他们的建
构中使用的物质直接来自未经建构的自然。但诺尔-塞蒂娜指出，甚至这
些物质通常是由科学供应商订购的。即使实验鼠的使用也不会构成原始自
然对实验室的人造世界的侵入。

第二点，很显然**有些**科学事实**并非**以如此直接的方式在物质意义上得
以建构。在她的科学材料的目录中，诺尔-塞蒂娜强调这一观点——甚至
"材料源"都是预先建构的；但她在策略上没有选择进一步将这样的论调
在时间上向后回溯。实验鼠可能全部是被建构的，但是第一只实验鼠的母
亲是怎么样的呢？实验中使用的化学制品是提纯过的，但它们是从哪里纯
化而来的呢？在某个时刻或其他时候，每一种材料—建构的方案都要求一
些未被重新建构的自然，——或者我们必须说，除非并且直到有更多极端
的考虑发挥作用。因此，即使物质性建构和非建构的实在之间的差异具有
强大的形而上学意义，仍然没有关于世界的普遍结论——它可以从物质建
构主义的可靠版本中得出。这一点为下述事实所强调，伊恩·哈金（Ian
Hacking 1983），作为物质建构主义的最重要支持者之一，他自命为科学

的实在论者。

　　第三点，从形而上学的视角，也就是从好奇世界构成可能是什么的视角来看，物质性建构和非建构的实在之间的区别不是十分有趣。科学事实是在物质意义上得以建构的这一假设，可能涉及我们的知识论关切：可能有理由怀疑一个过程，人们在这样的过程中，通过将其自身沉浸在一个人类建构的世界中来形成关于非建构自然的观点。汉斯·拉德（Hans Radder 1993）把这个知识论问题的发现归因于巴什拉（Bachelard）。然而，在形而上学意义上说，物质性建构的对象非常像自然对象。它们之间唯一的区别是前者有人类为其源头。但是那又怎样呢？如果这就是"实在的建构"所涉及的，那么它是一个令人无法抗拒，但并不十分有趣的假说。

　　让我们转向一个更有意思的人类依附（human dependence）理论。物质性建构的对象需要人类而得以存在；但它们与自然对象共有相应的属性——它们的**持续**存在不依赖于人类的持续存在。如果所有人类突然不再存在，仍然会有激光以及专门培育的老鼠——至少在一段时间内如此。如果在我们人类灭绝的时候留下一束激光，那么甚至可以在一个没有人类的世界里有激光**束**。至少，这就是有关物质的常识性观点。当他们断言实在的特征具有更强的人类依附形式时，建构主义开始变得有趣——若没有人类主体的持续存在（以及适当的行为），它们将会**停止存在**。有两种非常不同的情境类型满足这个标准，我称之为**因果性**建构主义和**构成性**建构主义（causal and constitutive constructivism）。在因果性建构主义的情况下，持续的人类活动产生并维持着关于世界的事实；在构成性建构主义的情况下，我们称为"世界的事实"表现为"人类活动的事实"。

　　为了达到解释清楚的目的，让我们考虑一个特别简单的因果性建构主义假设的版本——关于世界的事实的说法乃是自我实现的预言（self-fulfilling prophecies）的产物。根据这个论断，社会对一个命题的普遍接受启动了一个因果过程，这一过程使得命题为真。几乎无可置疑的是，关于世界的**某些**事实是这类自我实现的预言的产物。发明了"自我实现的预言"一词的罗伯特·默顿（Robert Merton 1948）给出了银行挤兑的典型案例：如果每个人都认为银行将发生挤兑危机，那么每个人都希望尽快从银行里把现金取出来，结果银行真的发生了挤兑危机。此外，所产生的现象的生命周期——银行挤兑——与产生它的社会过程的持续时间是一致的：当人们不再相信有银行挤兑时，就不会发生银行挤兑了。在这种情况下，所产生的是它自身的另一个社会事实。不过不能**先验地**排除每个人相信电子的存在以某种方式产生电子。无论如何，因果性建构主义的论断对某些事实来说，显然为真。有意思的问题则是，对于所有事实或者我们从未怀疑过其因果建构的一整类事实，这一论断是否都为真呢？

像因果性建构主义一样，构成性建构主义的论点是：某些事实无疑为真。例如，有一个关于红灯停的社会约定，这一事实由每个人都相信有一 22个关于红灯停的社会约定所**构成**。这样的一个约定和默顿式自我实现预言之间的区别足够清楚了。每个人都相信将会有银行挤兑这一点可能会**导致**事件的真实发生；但这种信念并不**构成**银行挤兑。还需要其他一些事情的发生。不过，每个人都相信有一个关于红灯停的公共约定是为了这样一个约定的施行到位。没有其他什么事情需要发生。（实际上，还有很多其他的事情需要发生。约定无疑比这个卡通般的描绘所显示的更为复杂。但是必要的附加和限制本身就是社会化的。关键是，对于一个给定的约定，有一个构成该约定存在的社会状态。）再者，至少从**表面看来**，所谓的物理事实可能与社会约定表现出相同的特征。

[有一个立场介于因果性论题和构成性论题之间：这个观点就是，物理现象**随附**（supervene）于社会现象，在同样的意义上，就像它有时声称心理现象随附于物理现象一样。大致说来，如果事件之间的每一 A 类（A-type）差异推衍出相应的 B 类差异的话，那么一类属性 A（a class of properties A）就随附于另一类属性 B。随附性（supervenience）是一种现象之间的关系，就像同一性一样，它是概念性的而不是因果性的；但是它要比完全的同一性弱一些。我把这个简单的探讨放在括号中，因为据我所知，没有建构主义者提出过物理现象随附于社会现象这个观点。此外，我认为我将要讨论的论题没有明显受到这种中间类型的建构主义存在的影响。不过我必须承认，我没有把这种可能性坚定不移地记在脑海中，因为我已经知道我想说什么了。]

在很大程度上，建构主义的文献似乎关注其本身的构成性论题而反对因果性论题。伍尔加在前一章中的引用（"话语之外，没有对象"）表达了一个明确的构成性观点。拉图尔和诺尔-塞蒂娜大多数时候也有对构成性论题的想法。然而所有这些作者偶尔都会陷入因果性语言和意象中去。拉图尔和伍尔加共同写道：

> 我们不想去说事实不存在，也不想说不存在像实在这样的事物。在这个简单的意义上，我们的立场不是相对主义者。我们的观点是，"外在的东西"是科学工作的**结果**，而不是其**原因**。

（1986：180）

同样地，诺尔-塞蒂娜告诉我们，"科学源源不断地分泌出构成'世界'的实体和关系"（1993：557）。当然，分泌就是一种因果性关系，而非构23 成关系：如果科学活动分泌出实体，这些实体就不可能由科学活动**所组成**，就如同激素不是由腺体组成的（激素也不随附于腺体）。在一些实在论批判者的著作中，出现了同样的因果性和构成性的混淆：

> 第二个异议涉及奇怪的因果力量建构主义似乎将它指派给了心灵，并允许它在本体论上构成一个世界，这个世界甚至在有心灵之前毫无疑问就已经存在了。

（Jonathan D. Trout 1994：47）

尽管频繁将因果性建构主义和物质性建构主义混杂一起，但在我看来，恰恰是构成性论题在关于建构主义的争论中是成问题的。此外，尽管因果性建构主义和构成性建构主义对世界有着完全不同的主张是真的，但实际上它们的混杂通常是良性的。很大程度上，在分析它们中任何一个时出现的问题和争论，在其他的分析中具有它们的同源对应物。例如，上面引用的特鲁托（Trout）的异议，与我们是否谈论因果性或构成性一样，差不多以同样的方式逐渐式微（特鲁托的异议将在第七章中讨论）。既然如此，我就将后面的讨论限定在构成性论题上。

4. 构成性建构主义的种类

建构主义也可以通过它们所适用的事实类型来进行区分。实质上，每 24
个人在看待**一些**事物时都是一个建构主义者。我们几乎普遍相信，某些社会事实，即关于社会制度、语言、社会阶层、政府、法律体系、经济体系以及家族体系的事实，是由我们的行动、信念和意图来建构的。非建构主义者关于社会实在这些方面的观点是可理解的。在柏拉图主义的脉络中，我们可能将我们语言的语法作为一个对预先存在的抽象实体的描述，其属性是由一种特定的精神行为所发现（而不是创造的）。这个观点貌似可靠，足以保证（warranted）乔姆斯基（Chomsky 1986）做出的清晰的批判。但实质上，所有自称建构主义敌人的人都愿意承认语言事实是被建构的。他们认为建构活动的范围明显比通常假定的要大得多，这让人们想要自称为“建构主义者”。

为了描述几种现存的建构主义，我认为有必要区分以下几类事实。我不主张所有这些区别是融贯的。事实上，我最终会质疑它们自身的一些融贯性。它们正是当前正在进行的有关建构主义的争论所依据的一些范畴。首先，**科学事实**是由科学制度发现或创造的（在该阶段，你可以选择你的观点）。我在这里所说的只包括（推定的）自然科学事实。我将社会科学的事实称为**社会事实**。这种区分可能会也可能不会被证明在哲学上是有趣的。然而，无论如何都存在着有关依赖于这一区分的建构主义的一些话题。科学事实和社会事实有别于**日常事实**。这些事实的发现或创造发生在科学制度边界之外，或者在任何其他专业的认识领域之内。其中一个事实就是，在我的桌子上有一本书（当然这些事实的**排列**是偶然的）。我们没有必要将日常社会事实从日常物理事实中区分出来。

25　　　假设所有的科学事实、社会事实和日常事实是被建构的这一点已然得以显示，也仍然无法得出世界是完全被建构的这一结论。一方面仍然存在一些独立事实，并且在认识上通达这些事实只能通过自然科学、社会科学，以及给予我们日常事实的"常识"之外的某个领域来实现。也许是《圣经》的激进主义屈服于未被建构的真理，或者是阿赞德人关于鸡的神谕（Azande chicken oracle），又或者是人类群体还未发现的某些程序。在此，我不探究这种可能的后果——但这不是因为我觉得假定存在有实现我们还未拥有的真理的方法这一点是荒唐的。这仅仅是因为，这种附加的可能性对我将要讨论的论题没有任何意义。到目前为止，就我的进程安排，我可以让"科学事实"代表由超越了常识实践的任何特殊的认识领域所产生的非社会事实。

　　出于同样的原因，我也会忽略关于意识、感觉材料或感受性的现象事实（如果有此类要被忽略的事实）。涉及本书中的论题，现象事实起到了与物理科学事实同样的作用：它们只是一种有趣的、可能未被建构的非社会事实。还有一篇关于诸如逻辑规则这样的必然事实的建构主义文献。这些都针对其自身提出了问题，对这些问题的考察将被推迟到第十四章进行。在那里，我将把**实在**或**世界**归为所有偶然事实的总和。

　　最后，可想象的是，存在对人类而言通过任何可把握的方式都难以达到的关于世界的事实（当我说这是可想象的时候，我的意思是，不存在明显的强制和广为人知的相反论证）。让我们称这些为**本体事实**（noumenal facts）。我们拥有的以及曾经拥有的全部事实均是建构而成的，这一证据不会成为**世界**是被（全面地）建构的证据，除非它结合了一种反对未建构的本体事实的可能性的论证。这引出了一个有趣的——以及据我所知，迄今为止一直被忽视的——关于本体事实的问题：假定可能有一个本体世界，有没有可能这个世界或其中的一部分是在社会意义上被建构的呢？一个被建构而成的本体事实会变成一个关于人类活动无法进入人类知识的事实。或许一些无意识的精神分析概念的变体将符合这样的要求。无论如何，这个想法没有明显的不融贯。反过来，这意味着一个关于本体存在的论证并不会自动建立起一个独立的世界。

　　通过断定或否定科学、社会、日常以及本体事实之间不同组合的被建构的本质，从而获得了各类建构主义者的立场。**强建构主义**立场指的是我们曾拥有的所有事实都是被建构的。**超强建构主义**持更强的看法，认为所有的事实都是被建构的，即不存在独立的实在。对于本体事实，强建构主义者也许会持有任何他们乐意的看法，包括根本没有任何看法。然而超强建构主义要么承诺对本体的否认，要么承诺本体也是可建构的这一大胆论题。德维特（Devitt 1991）提出的"不彻底的实在论"是强建构主义和**存在未建构的本体事实**这一论题的合取。不彻底的实在论者相信存在一个独立的世界，但是我们的知识受限于我们自身的建构行为。 *26*

通过允许独立要素存在或可能存在于除本体事实外各类事实中，从而获得了各种更弱的建构主义。**科学建构主义**的论题，即断言只有所有的科学事实是被建构的。这个构想存在歧义，而且这一歧义在将来的分析中会日益突出：科学建构主义者是仅仅相信我们已拥有的所有的科学事实是被建构的，还是相信我们可能会拥有的所有的科学事实必须是建构的呢？我将使用"科学建构主义"来指涉更强的第二个论题。当我想讨论第一个更弱的论题时，我称之为**弱科学建构主义**。

关于社会事实或日常事实是独立的，还是建构的，科学建构主义论题在这一问题上呈现出开放性。考虑到所有的科学事实是被建构的这一信念，但也有一些非科学的日常事实是独立的。我将这个论题称为**工具建构主义**，承认它与传统的工具主义科学观的近亲关系。狭隘地说，工具主义的观点是我们关于世界的主张可以分成观察的和理论的两部分，而且只有前者才具有真值。因此，理论性主张被看作"仅仅是系统观察和进行预测的语言的、未做出解释的工具"（Niiniluoto 1991：145）。然而，更宽泛地使用"工具主义"的话，其中包括将理论性主张视为与观察性主张相比更具有知识论或形而上学缺陷的观点。这种缺陷可能是理论性陈述没有真值，或是理论性主张的真值在认识上无法达到，又或是理论性主张可以通过将它们翻译成可观察的语言而得以免除。第二种建构的科学事实的信念就是在范弗拉森（van Fraassen 1980）的建构经验论意义上来说的，例如，这样的建构主义时常被视为工具主义形态。就像这些经典的工具主义，工具建构主义在不同主张之间做了优劣之分。工具建构主义的区分也许会或者也许不会**与传统的区分一样**。可以肯定的是，日常事实并不完美地与观察事实共存。但是也有可能存在着重叠的部分。例如，人们可以将理论中立的观察语言中表达的事实视为日常事实。如果是这样的话，那么同样的区分可能用来阐述经典工具主义和工具建构主义的论题。在这里最好提醒一下读者，服务于经典工具主义的观察/非观察性的区分已经很难实现了（Maxwell 1962；Kukla 1996）。因此就有很好的理由认为，要证明*27* 区分科学事实和日常事实会与上面一样困难。据我所知，在建构主义者的文献中，对此区分并没有做更进一步的讨论。如果这一区分坍塌了的话，那么工具主义的建构主义烙印将坍塌为强建构主义，或是我下文中所称的"形而上学社会论"的立场。

所涉及的优先性本质在工具建构主义和建构经验论中是否会有所不同，这一点同样不清楚。经典工具主义那些优先性不足的主张不是在于缺乏真值，就是在认识上难以通达，或是通过翻译可以消除。工具建构主义中优先性不足的主张所指涉的是，其真值由我们的行动决定，而不是由独立实在的属性决定。三种经典形式中有两种不同于这种新的不利的表现形式，即被建构不同于缺乏真值或是在认识上难以通达。另一方面，建构为其他事物听起来非常像还原为其他事物。由他物建构听起来很像是还原为他物。因此，在工具建构主义和经典工具主义那里，尽管有优与劣的区分，但优先性的本质可能是一样的。所以，有人也许会怀疑这两种学说会产生非常相似的辩证法。这正是我将在第九章中所要论证的情形。

然而，这种类型的工具主义真的是建构主义者们可以做出的灵活的选择吗，还是它是个稻草人立场呢？拉图尔和伍尔加（Latour and Woolgar 1986）并没有明确告诉我们，与科学事实是被建构的相一致的协商过程是否科学所特有，或者在非科学中的相似过程是否也构成了日常事实。他们讨论的主旨暗示了一种强建构主义的解读方式（这将在第九章中被证明）。但我觉得，随着时间的流逝，拉图尔（而不是伍尔加）听起来越来越像是一个工具主义者。让我们来看下面这个段落：

> 在第一个框架中，自然和社会是被用来解释科学活动的细微内容的**原因**。这与我们的框架相反，因为科学家和工程师以及所有人类和非人类群体的活动是因，而各种自然状态和社会状态是果……在这两

个框架中，观察的定义是完全不同的。在第一个框架中，社会科学家
被允许使用未观察到的社会状态以及对社会关系的定义来解释科学
工作——或者使用相同的未观察到的自然状态来进行替代。在另一个
框架中，唯一可观察的是由对象、论证、技能和通过集合体循环的符
号留下的痕迹。

（Callon and Latour 1992：350-1）

不要问我"由对象留下的痕迹"是什么，或者是当它们被观察时，"论 *28*
证、技能和通过集合体循环的符号"看起来像什么。无论这些事物可能
会是怎样的，卡隆和拉图尔看起来似乎支持工具主义的观点，即科学事实
和社会事实都是被建构的，但仍存在某些其他的事实——例如，与"由
对象……留下的痕迹"相关的事实——是独立于我们的建构活动的。如
果这是一种正确的解读方式，那么之后拉图尔的科学哲学必须被视为一种
工具建构主义。此外，毋庸置疑的是，"由对象……留下的痕迹"和"自
然状态"的区分至少会变得跟在理论和观察之间备受争议的传统的区分
一样问题重重。

　　还有一个建构主义的立场有必要加以阐释，即主张只有独立的事实才
是社会事实。根据这个解释，对于非社会（non-social）的世界而言，无
论如何加以设想，都是由社会事件建构的。这一观点在卡隆和拉图尔上文
引用的段落中被明确否认。然而，基于这一立场的社会和非社会之间的区
分似乎并没有像科学事实和日常事实之间的区分那样的无望。此外，这些
在讨论中的论题有着相对新颖的优点。它的意图是要告诉我们，唯物论和
现象论并没有穷尽可想象的一元论的类别（我此前把一个命题指称为
"可设想的"，倘若对此没有强有力的、众所周知的驳斥的话）。可以设想
的是，实在的终极构成物就是诸如协商和协议这样的社会事件，并且无论
是物理世界还是心理世界都是由这种原生的社会物质建构而来。对这样一
种观点比较合适的名字——与"唯物论"和"观念论"词源并行的——
显然是**社会论**。既然这个术语已经涵盖了一些不同的用法，我们可能不得
不将这种建构主义者的观点称为**形而上学社会论**。

　　在各种形而上学社会论中，对强建构主义、超强建构主义和不彻底的

实在论做出相同类型的区分是可能的。与强建构主义相对应的是这样的一个论题，即社会事实是独立的，并且所有可能为我们拥有的其他事实都是被建构的。与超强建构主义类似的是这样的一个观点，即社会事实是独立的，并且其他所有事实都是被建构的，无论它们是否在我们的视野之中。最后，社会论者与不彻底的实在论相对应的观点是：社会事实是独立的，并且所有其他可确定的事实都是被建构的，但是仍然可能存在非建构的本体事实——它们是非社会的。这些区别后面不会再出现了。

也许有人会质疑形而上学社会论是否真的是一个可设想的立场。难道社会事实不是我们拥有的被建构的事实中最为清楚的例子吗？例如，一个社会习俗难道不是在个人信念和意图之外被建构的吗？我难道不是在这一章的一开始就声称，社会习俗之类的几乎普遍被认为是在个人信念和意图之外被建构的吗？这样的主张能够站得住脚，但是它本身并不能推衍出形 *29* 而上学社会论是错的。可以主张——事实上，像建构主义者和非建构主义者这样的人，他们**确实**主张——关于信念和意图的个体主义事实自身恐怕就是由更具基础的社会事实建构而成。他们拒绝这样的想法——所有的社会事件可以被还原或由那些构成个体心理学主题的事件所建构，无论心理学被视为行为主义的还是心理主义的。例如，他们声称，去假设一个生命个体可以在社会环境以外拥有一个信念或意图，这是不融贯的。如果这是正确的，那么由信念和意图所建构的社会习俗就仅仅是由其他社会事实建构某个社会事实的情形而已。这就是为什么这样的建构没有为社会论造成什么困难。

这一思路**常被引证的经典之作**就是维特根斯坦（Wittgenstein 1953）的《哲学研究》（*Philosophical Investigations*），在这本书中某些社会事实被认为不可被分析为任何其他东西。相信和意图是我们"生活形式"的一部分，并且除了用它们自己的术语之外，不存在对生活形式的解释。解释必须在某个地方结束。维特根斯坦指出了形而上学社会论的立场，尽管他没有明确予以认可。作为一个社会论者，不仅要肯定维特根斯坦的学说，即对于某些社会现象不存在更深入的非社会分析，而且还要肯定**存在**一种对于**非社会**现象更深入的社会分析。

在当代社会建构论者中有社会论者吗？哈里·柯林斯可能算是一个。

柯林斯认为，自然科学的事实是社会建构而成，但社会世界应该被当作"真实的并且是我们对它可以拥有合理认识材料的某些东西"（Collins 1981：217）。然而柯林斯强调这是一个方法论的而不是形而上学的学说。他相信强建构主义者所声称的**所有**事实都是被建构的这一点是不融贯的。他同时也想主张物理事实是被建构的。最后，他不想承认社会世界确实比物理世界更真实。他的解决办法是，为了避免不融贯性，我们必须将社会世界**视为**非建构的，即便它的确是被建构的。不招人喜欢的批评家可能会注意到，这种策略在不改变我们观点的情况下，为我们提供了一个解决任何概念问题的普遍办法：如果 A 与 B 相冲突，并且我们不想否定其中的任何一个，那么我们可以说，非 B 的假设仅仅是一个方法论要求。

这里有一个简单的论证，要表明形而上学社会论是不融贯的。根据定义，一个事实是（在构成的意义上）被建构而来的，当且仅当它是由人类行动构成的。形而上学社会论者会说，某些被视为社会事件的有关人类行动的事实是非建构性的。但这就是说，某些人类行动不是由人类行动构成的。这显然是不可能的，因为一切都是由自身构成的。因此，社会论是不融贯的。这个论证显示了术语的不当使用，但是它没有进一步讨论。或 *30* 许可以说，一切都是由自身建构的。但是，通过把椅腿、椅座和椅背组装起来建构一把椅子，与从一把完整的椅子开始来建构，进行无效的操作并且提出一把椅子的概念，这两者之间具有很大的区别。从几种同样简单的方式中选取一种来解决这个问题，就是规定"建构"涉及将至少两个单独的部分组合成一个新的整体。这使得我们可以继续说，社会论推衍出某些社会事件是非建构性的。

形而上学社会论是唯物论和现象论的一种一元论备选方案，这一事实值得做一些阐释。如果社会论的支持者与反对者都是在严肃地为此而争论的话，那么更常见的形而上学论题的历史会告诉我们，我们会期待发现些什么东西。首先，我们期望得到与早期争论中产生的相同的学说范围。一个社会论者可能会主张：

1. 物理事实可以被**还原**为社会事实，或者
2. 关于物理世界的讨论包含一个关于社会的**理论**，或者

3. 物理世界与社会世界之间的关系是几种**随附现象**的表现形式之一（包括物理世界随附于社会世界）。

我的猜测是，这些讨论的进程将会把前人的思想概括为：各种强还原说法将是站不住脚的，并且其他说法也会遭遇到严重的问题，但是没有哪一个是如此具有决定性，能够根除它的支持者所有成功的希望。从这个比较中能够吸取的主要教训不是社会论可能会被问题包围（尽管它将会如此），而是这可能会证明，社会论和更为传统的形而上学的立场一样是可辩护的。

对社会论的深思进一步揭示了传统的形而上学立场的地位。只要仅有的备选是唯物论、现象论和物质现象二元论，就会容易陷入这样的假设，即物质—现象的区分就可能对所有可设想的存在物进行彻底的二分。毕竟，我们的概念世界充满了详尽的二分法，诸如善与恶、黑暗与光明，等等。然而，当我们把社会作为一个第三者补充进来时，情况就彻底改变了。我们还没有准备好假定三分法是可以穷尽的。在我们的心智功能中有一个二三法则（Law of Two and Three）运作着。当一个假设假定有两类事物时，我们会乐于接受这个假设。我们不太想知道在善与恶之外是否还有第三个道德评价的范畴。但当一种假设假定了三类事物时，我们就马上想知道：为什么是三种？为什么不是四种、五种或七种？相对于四维或七维，为什么空间是三维的？当然，无论是物质的、现象的还是社会的事物，尽管能够通过为数不多的几个基础维度而产生，但它没有为我们留下*31* 深刻印象。它们似乎更像是从一种更广泛的可能性中抽取而来。当我们终于偶遇了外星人时，结果很可能就是这样，即他们眼中的世界构成既不是物质的，又不是现象的，也不是社会的。

5. 建构主义的经验情形

建构主义者如何为他们的立场进行辩护呢？他们的一些著作明确包含 了哲学论证。其中最重要的部分将被放在第六章中讨论。但是建构主义者（对于大部分而言）是社会学家，而且社会学是一门经验性科学。他们经常表示自己是通过经验研究的结果而导致他们获得了整体的理解，这一点并不奇怪。建构主义者不会这样声称：当我们用不带偏见的眼光看待科学活动时，建构主义是我们所能看到的最有解释力的假设。这种经验论证的策略由尼尔森提出：

> 通过强调实际的科学决策过程的诸多方面，且这些方面往往在哲学家的重建工作中显得不那么引人注目，建构主义者试图将建构主义所谓的优越性变成一种经验证据可以对其施加影响的东西。总而言之，他们不打算将争议理解为一种纯粹的哲学问题……他们认为，当历史自身被准确地呈现时，相较于理性主义的假设，它更强烈地支持建构主义的假设。
>
> （Nelson 1994：537）

用"建构主义"这个词，尼尔森意味着观点的结合，即我称之为形而上学建构主义和认识相对主义观点的结合。而"理性主义"这个表达，意味着实在论和认识的绝对主义。尼尔森继续说道：

> 建构主义和理性主义被视为彼此相互竞争的解释性假说。基于哲学家、社会学家和其他在旨趣上的相关方在这两种假设之间进行的选择，历史事件被看作数据或证据。总之，我们认真地对待我们正在实践的科学学观念……建构主义者主张流行的科学合理性的标准……

支持着建构主义者的假设。

（537）

33   在我们研究这种建构主义主张前，有必要为讨论制定某些基本规则。正如尼尔森的术语所表明的，大多数形而上学建构主义者也是相对主义者，他们否认存在普遍有效的标准来统辖科学证据的使用。显然，这个观点将会影响由经验论证产生的辩证法。建构主义者兼相对论者可能会向几个方向移动。如果建构主义者的经验论证成功了，那么他们可能将这一成功看作对建构主义的一种直接证明，或者看作他们对手的实在论兼绝对论的一种反证法。如果经验论证失败了，那么他们可能会在相对主义中寻求庇护，同时主张与当前公认的科学评价标准相关的论证的失败并没有迫使他们放弃这个结论。这些问题在本章并不重要。无论建构主义者最终想对它做出什么样的理解，正如尼尔森所说的那样，这一主张不过是"流行的科学理性标准"支持着建构主义者的假设。为了评价经验论证，与相对主义、自反性以及此类相关问题都将被搁置，并且我们将集中在这样一些类别话题的讨论，它们在当代科学家相互对立的阵营之间的正常争议中被认为再合适不过了。

      什么样的数据被视为对建构主义论题的辩护呢？大多数相关研究依赖以文献为中心的历史学研究方法。夏平（Shapin 1982）对这样的研究进行了一项调查。还有一个较小的研究小组，其成员们使用参与观察法：社会学家暗示自己潜入科学家共同体中进行研究并直接观察他们的活动。这一类型的首创之作是拉图尔和伍尔加的《实验室生活》（1979 年为第一版，但我通常指的是 1986 年第二版）。我在本章的主要目的是，指出经验论证**形式**的某些不足之处。出于这个目的，没有必要对该著作进行详尽的评论。事实上，为了论证的缘故，我很快就会同意，建构主义者所诉诸的社会学数据与它们可能所是的一样好。然而，如果一般讨论关涉一个具体的案例研究的话，那么它就会促使一种更有趣的解读方式的生成。我选择了拉图尔和伍尔加具有巨大影响力的研究来进行更深入的思考。

      拉图尔和伍尔加将他们的工作描述成在一种被忽视的文化**人类学**中的一个项目——实验室科学家的文化：

自世纪之交以来，为了收集所谓的原始社会遗留下来的东西，大量的男女进入深山老林，生活在充满敌意的环境中，经受着敌意、无聊和疾病。通过比较这些人类学远足的频次，相对而言，很少有人试图深入了解身边更容易接近的部落之间的亲密关系。考虑到现代文明 *34* 社会中，纳和价值附加到附着在他们的产品上的接受度和重要性，这一点或许令人惊讶：当然，我们指的是科学家群体和他们的科学产品。尽管我们现在已经充分了解来自异邦的神话和割礼仪式，但我们对科学家群体所从事的同类活动的细节仍然处于相对无知的状况中。

（1986：17）

拉图尔和伍尔加把他们自己描绘成激进的经验论者，在避免所有关于他们主题的偏见的同时，仅仅坚决地接受他们直接观察到的东西的指引。尤其是，他们不会预设他们以理性的方式介入相关主题的研究：

对于科学活动中那些被视为理所当然的内容，我们认为理解他们就像理解一些奇特的东西一样有启示意义……我们把实验室成员在技术问题上的明显优势看成是无关紧要的……这类似于人类学家拒绝在原始巫师所拥有的知识面前低头。没有任何先验的理由来假设科学家的实践比外行人更为理性。

（29-30）

似乎是为了证明他们缺乏理论偏见，他们从一系列未经全面遴选之后的观察开始：

6 分 20 秒……断断续续的打字声音可以从大厅里听到。

9 分的时候，朱利叶斯（Julius）进来吃苹果……

9 分 30 秒……他们在约翰（John）的办公室里谈笑风生。

（1986：15-16）

但是，这种极端的公平并不能维持很久。理论假设很早就被引入文本，并且观察报告很快被限制在那些对作者观点有影响的事件中。以这种方式进行完全符合经验论证所假设的"流行的科学理性的标准"。像 B. F. 斯金纳（B. F. Skinner）的理论一样，拉图尔和伍尔加的激进经验论只是一个假象。

拉图尔和伍尔加所观察到的科学事件，就是罗杰·吉耶曼（Roger Guillemin）关于促甲状腺素释放激素（thyrotropin releasing hormone，TRH）化学结构的发现（他们称之为建构）。由下丘脑产生的这种物质，引起了促甲状腺素的分泌，它反过来又支配甲状腺的活动。由下丘脑分泌的 TRH 的量非常小（每个下丘脑大约只有 $2×10^{-8}$ 克），所以吉耶曼的工作特别困难。提取一毫克 80% 的 TRH，需要大约 500 吨的猪脑。即便如此，对于将要进行的常见类别的化学分析而言，这个数量还是太少了。吉耶曼和他的团队不得不用间接手段来进行：他们合成了一种其属性符合他们的 TRH 样本的物质，并且他们推断 TRH 的结构与合成物质的结构是相同的。吉耶曼［和安德鲁·沙利（Andrew Schally）一道］获得了诺贝尔奖，不仅是因为合成分析技术在方法论上具有新颖性，也因为他们的实际发现。

拉图尔和伍尔加声称，他们在吉耶曼的实验室里所观察到的材料需要一个建构主义解释。无论是《实验室生活》的朋友（Hacking 1988），还是其敌人（Brown 1989），都以同样的方式，特别强调了某些与 TRH 初始样本相关的特性。拉图尔和伍尔加主张，合成分析技术预设了我们有一个无争议的物质样本要被合成。假设我们都知道初始样本是 TRH，那么就能合理地推断出，TRH 的结构与合成物质的结构是相同的，后者具有与样本相同的化学属性。但事实上，没有事先存在的关于 TRH 的识别标准。不同的实验室支持不同的生物测定。但在回答"什么是 TRH 的结构"这个问题时，如果你开始为 TRH 的属性选择标准，那么这个答案就不能为一个独立的本质所判定。这就好像是，在建立度量标准之前，问一米是多长。这里有一个答案，但它不是由本质来决定的。你不是**发现了**一米的长度①；它由你**决定**。拉图尔和伍尔加就是这样看待吉耶曼的推定性发现的。

---

① 如果是"发现""一米的长度"的话，那就意味着在你发现之前"一米的长度"就已经存在了。这里的意思是说，不存在"一米的长度"这样的东西，它完全由人来决定。——译者注

　　无论我们怎样理解这个论证，值得注意的是，拉图尔和伍尔加的人类学活动在其论述中没有发挥关键作用。这个论证可能已然在相关的期刊出版物的基础之上单独地被设想、被提出来。但是，它达到它的目的了吗？通过否认生物测定的选择与度量标准的选择之间的相似性，布朗对此进行了回应。他承认，没有事先存在的关于 TRH 的识别标准，但坚称测定的选择仍受限于自然的特定的独立事实：

> 　　在特定的生物测定中，采用大鼠来代替小鼠，因为小鼠被认为拥有更敏感的甲状腺；采用雄性大鼠来进行测定是因为，雌性大鼠被认为其生殖周期可能会干扰试验；测定一般采用 80 天大的大鼠，因为考虑到大鼠在这个年龄脑垂体的甲状腺含量最大……生物测定的每一个特征似乎都得到了某种辩护。它可能是一个易错的辩护，但它无论如何都存在着。

> （Brown 1989：85）

　　这种关于生物测定地位的争议很重要。不过它与我这本书的主题无关。我的目的是评价这个论题——所有的事实，或至少所有的科学事实是被建构的。没有人否认**一些**事实是被建构的。但是没有办法利用生物测定论证来获得更一般的结论。其一，生物测定的异常涉及非常具体的环境配置，这在大多数科学研究过程中都不会出现。这个论证根本不适用大多数的研究。其二，这个论证没有显示——或者是打算显示——吉耶曼没有发现任何独立事实。为了论证的缘故，让我们同意生物测定的选择是社会协商的结果，在这个协商中自然不起任何作用。那么，被选择的样本是 TRH 这一事实可以被合理地描述成一个被建构的事实。单就生物测定论证而言，TRH 具有 pyroGlu-His-Pro-NH$_2$ 结构这一获诺贝尔奖的事实是不是建构而成的，这一点更加不清楚。而且就目前生物测定论证所显示的，猪脑中有一种物质，它具有 pyroGlu-His-Pro-NH$_2$ 结构，这无疑是一个独立的事实。仅凭这个发现本身也许并不能获得诺贝尔奖。然而正是这一科学事实回避了生物测定论证的范围。

　　为了给建构主义提供一个经验性情形，所需要的是对科学活动的某些特征进行观察，这样的观察保证了建构主义者的解释，并且**在科学家的认**

知决策中普遍存在。拉图尔和伍尔加报告称已经观察到这样的特征。他们从一个并不令人吃惊的观察开始，即科学家们一致采取行动，以确保获得同行认可这样的回报。在这一方面，科学家们很像是舞台上的魔术师、足球运动员以及其他群体的专业人士。然而，正因为如此，寻求认可根本无法解释科学和足球之间的**差异**。特别是，它没有解释什么才是一个科学事实。根据拉图尔和伍尔加所言，解释它的是这样一种假设，即科学是商业的形态之一，它所交易的是**信誉**商品：

> 把得到回报视为科学活动的最终目标是错误的。事实上，得到回报只是信誉投资大周期中的一小部分。这个周期的本质特征是获得信誉，它使信誉的再投资以及信誉的进一步获得成为可能。因此，除了积累的资源持续进行调配，科学投资没有最终目标。正是在这个意义上，我们把科学家的可信性比作资本投资的一个周期。

（Latour and Woolgar 1986：197-8）

　　根据这个解释，一个成功的科学家指的是累积了大量信誉储备的人。这并不意味着科学家们始终一致地积极去增加他们的信誉。在拉图尔和伍尔加的假设中，并没有排除这样一种可能性，即一个资深的科学家把信誉
37 作为一个慷慨的礼物送给一个年轻的同事而不求回报。这类似于一个资本家从事真正的慈善事业。尽管如此，生意的本分在于金钱，科学的本分就是信誉。通过将大量信誉投资于某些方案中科学事实从而得以建构。如果一个学科的几乎所有专家都赞同同样的方案，那么如此多的信誉都被投资其中，就会使得它几乎不可能被推翻。正是它将这样的"外在的东西"赋予被建构的科学事实，也就是对否定的抵制，我们将其视为真实世界的标记。

　　这个解释的人类学依据是什么呢？会出现的对话类似于下面这样：

　　L：看看这些数字，还不错。

　　K：根据我的经验，当不多于100时，也不好，是噪音。

　　L：即便如此，这样的噪音也是相当连贯的。

　　K：尽管意义不大，但你不能用这些噪音说服人……我指的是好人。

（Latour and Woolgar 1986：200）

我敢打赌，肽起不到任何作用……我对我的朋友 T 有信心。[C 挤压注射器且不让老鼠动弹。] 好吧，查尔斯（Charles T.）告诉我们。[几分钟过去了。] 看，什么事都没有发生……哪怕老鼠会变得更僵硬 [叹息]。啊，我的朋友查尔斯……我去了他在纽约的实验室并看了他的记录……这记录将会出版……这让我感到不舒服。

（202）

在谈论第一次交流时，拉图尔和伍尔加评论道：

从一些知识论学者的视角来看，我们期待数据的可靠性能够成为一个论题，这个论题与该领域内对个体的评估截然分离。因此，数据评估不应该如此明显地与说服他人的修辞操作关联在一起，而且既不会因为谁来做解释有所不同，也不会因为这个结果的解释对象是谁就不一样。然而，就像上面的例子，它们揭示了科学家频繁地在这些表面上不相关的话题之间建立联系。事实上，这些论题都是一个信誉周期的一部分。

（200）

在第二段，他们写道：

这一事件着重表明同行及其基本立场往往出现的重合：提议的信誉和提议人的可靠性是完全相同的。

（202）

显然，观察和理论之间的信誉契合在这里要比在物理中所说的契合更 *38* 为宽松。对于由作者提供的信息而言，在某个提议的信誉与提议人的信誉之间是否常有这样的重合，或者在对话者各自处理他们的工作时，是否只是在闲聊，这些都是主观判断。（我所说的"闲聊"指的是不影响最终研究报告内容的谈话。）科学理性的流行标准的拥护者们同样会担心其他很多问题。他们可能想知道，这些作者是否已经向诱惑缴械投降，抑制那些与他们的理论偏好并不契合的观察，或者他们是否根本没有注意到这些诱惑。（实验室里没有人曾呼吁过一种绝对的方法论原则吗?）他们可能也会质疑，从这些数据到形成**所有的**科学活动与信誉假设相一致这样的立场，所做出的归纳性飞跃是否适当。或许有关吉耶曼的团队、内分泌学，或有关生物科学，存在着一些奇怪的、不具有典型性的东西。不过这些都是次要问题，它们都可以通过科学知识社会学中更多、更好的经验研究来加以解决。尼尔森（Nelson 1994）讨论过经验研究更为根本的缺点，这也正是我要讨论的内容。

科学知识社会学的材料**是**统一服从于一种建构主义的解释的，这正是尼尔森的观点。他认为，建构主义可以解释科学里已然发生的一切，因为它可以解释在可设想的意义上**可能**会发生的任何事情——社会建构这一论题为我们提供了如此巨大的解释范围，几乎没有哪一个与它不一致的人类活动。但是，根据尼尔森的观点，"理性主义者"的解释同样为真：

> 不存在一个能使科学决策具有唯一合理性的追溯性解释，这几乎是不可能的。

（1994：546）

例如，很容易想象一种针对拉图尔和伍尔加的观察的理性主义解释：对信誉的长期关注是因为这样一个事实，即个别科学家必须依赖别人的报告来为他提供几乎所有的科学信息。理性主义者的立场也因此会期待——或许甚至预计一种对他们的信息提供者的可靠性的持久关心。即使像针对信誉的以物易物，也不必然就不是一种形成有关独立实在的合理意见的非理性方式，对该问题（除去关于信誉交易的最后且必要的部分）做出这样的阐释，事实上是由布朗（Brown 1989）所提出的。

拉图尔-伍尔加和布朗之间的相反立场回荡在科学研究领域数不清的争论中。例如，建构主义者皮克林和理性主义者富兰克林（Franklin）之间的争论表现为，在接受标准的弱电过程模型时，面对的似乎是不相容的实验证据。皮克林（Pickering 1984，1991）讲述了一个原子物理学与高能物理学共同体之间的制度性分歧和地位关系的社会故事。富兰克林（Franklin 1990）则讲述了一个关于合理推理得到最佳解释的故事。或者比较夏平和康托的颅相学。夏平（Shapin 1975）说明了颅相学的兴衰如何才能被理解为一种社会阶级之间冲突的表现，并且康托（Cantor 1975）说明了它如何才能在理性主义者的术语里被理解，等等。

尼尔森从这种事态中所吸取的教训就是，建构主义者和理性主义者之间的问题根本不是一个科学问题：

> 有一些真实材料表明了建构主义者和理性主义者之间的争论，就这一点而言，它并不关涉实际的历史。相反，它是一场只能通过纯粹论证加以解决的哲学争论。

（Nelson 1994：546）

我对尼尔森所吸取的教训则有所保留。正如尼尔森所描述的那样，这是常规科学史上经常出现的情境：如果为科学史上的每个事件都设计建构主义者和理性主义者的解释是可能的，那么建构主义和理性主义就像薛定谔-海森堡（Schrödinger-Heisenberg）量子力学的标准，以及戴维·玻姆（David Bohm）的量子理论，是**经验意义上相当的理论**。可以肯定的是，没有人可以通过经验研究来解决经验意义上相当的对手之间的冲突。这一情形所造成的后果就是**理论争论**，其中理论的概念属性——它的简洁性以及它们与其他有利理论统一为一体的前景等——都可以加以分析和评价。尼尔森无疑是正确的，他假设解决建构主义—理性主义争论的方法必须是非经验性的。但是，称它为"纯粹哲学"则是误导性地暗示，这意味着这些方法必须超越那些在日常科学规范中惯常使用的方法。我把这个作为针对尼尔森所做的分析的友好的修正方案。他的主要观点是：如果建构主义和理性主义都可以解释科学里所发生的一切，那么建构主义者情境研究的数量即便有很多，都没能切中要害。理性主义者的故事即便有很多，也无法为理性主义的胜利增加可能。答案不会简单地在历史资料或科学人类学中被发现。

但是难道建构主义和理性主义各自真的能解释所有的材料吗？对此，双方都有相反的主张。在第八章，我将会在哲学文献中考察几种主张，大致是说有一些科学实践的特征，它们避开了建构主义者的解释网。在第十一章中，我会沿着这些路线提出一些自己的建议。然而，在当前这一刻，我只讨论逆命题，即存在着一些科学实践的特征，它们不能被予以合理的解释。建构主义者指向了太多尚待解决的问题，这些问题是在试图为科学决策提供理性辩护的过程中所遇到的。比方说，法因（Fine 1996）就报 *40*

告了（但并不赞同）数据的非充分决定理论、观察的理论负载以及杜衡论题（Duhem thesis）的建构主义者们极具争论的用法，根据这一点，科学中的证伪都必然是毫无定论的。每一个这样的现象均指向同一个问题，亦即理性的规则从来就没有被足够精确地表达出来，以便挑选出科学史中实际发生的那个唯一的过程。因此，理性主义无法解释科学史的事实；据此，建构主义者的解释就没有对手：

> 最终，社会学家必须提出社会学因素来解释为什么在科学中的一些信念被行动者接受，而另外一些信念被拒绝……换言之，它必须说明诠释的弹性是如何从科学发现中消失的……考虑到知识论/方法论准则不能彻底地解决这件事，社会学家必须提供一些备选来解释科学里的共识是如何达成的。

> (T. Pinch 1986：21)

我把这个称为来自**理性思考的非充分决定理论**（*underdetermination of theories by rational considerations*）论证，或简称为 UTRC。

这里有三条批评 UTRC 论证的进路。第一条是劳丹的（Laudan 1996）。劳丹主张科学决策的合理性并不必然依赖通过应用明确规则而产生。例如，不存在一种算法能够测定一个科学理论的普遍性或其范围；然而大家都同意，牛顿力学是一个比谢尔登的体型理论（Sheldon's theory of body types）更广泛的理论。我认为这个反面论证不是很有说服力。其一，只要投票人口包括了精神分裂症患者，外来非西方文化的成员以及外星人，我就怀疑是否存在任何需要普遍（或甚至接近普遍）赞同的命题。其二，在没有回避反对相对主义者问题的情况下，我们如何剥夺这些持不同政见的选民的选举权，这一点并不容易理解。但是还有其他更能说明问题的针对 UTRC 的批评在排队等待着。

第二条则是，UTRC 论证听起来仅仅说明了**一些**科学决策不能被合理地解释。例如，数据的非充分决定理论推衍出（姑且让我们同意），两个经验意义上相当的理论之间的选择不具有合理的基础。但它对两个做出相反预测理论之间的选择却不置一词。与之相似，其他每一个被引用的与理性主义解释相关的问题，有它自身小于通用领域的应用范围。为了表明**没**

有哪个科学决策可以被合理地解释，就要求罗列更多关于各类问题重重的决策。人们还需要一个论证来表明，所有的科学决策都属于一个或另一个 *41* 已被列出的决策范畴。需要再次重申，列出一些问题重重的情形只是表明，有一些（也许很多）科学决策不能被合理地解释。不过这都是理性主义者所需要的操作空间。为了使之保持运行，建构主义者必须能够解释科学史中的任意事件。但对于理性主义者而言，适应这一伟业则没有必要；他们有能力承认一些事实，或者甚至非常多的事实是社会性建构的。他们的理性主义是安全的，只要至少还有一些科学决策能够在理性主义意义上得到最好的解释。

最后，除了尼尔森称为"理性主义"的备选之外，建构主义还有另一个解释对手需要应付。为了描述这个对手，我需要阐明到目前为止，我已经讨论过的两个概念节点。第一个是我一直在交替提到"建构主义者"和科学活动的"社会的"解释。这两者必然不是同一件事。回顾第二章，人们可以主张所有的科学决策都是社会意义所引致的，而无须自己承诺要么形而上学建构主义，要么相对主义。这一概念的选择为我们提供了第三种解释科学知识社会学的推定性材料的方法，这一材料是建构主义和理性主义论题的中间物。尼尔森所说的"理性主义者"坚持认为，对于科学的（至少是某些）认知决策的最好解释不涉及社会因素。建构主义者坚持认为，对于科学的认知决策的最好解释，社会因素总是关涉其中。但是非建构主义的科学知识社会学家很可能说同样的事情。即使建构主义者关于社会解释的普遍必要性是正确的，也不必然随即推出，他们特定的社会解释——他们的论题，即科学家的社会活动**构成**科学事实——就已得以表明。建构主义者希望能从他们的论题中获得的最有力的材料，是在科学决策类型和做出决策的社会环境之间的一对一关系。但是这样的材料将**总是**与非建构主义的观点相一致，即社会环境**导致**决策成为它所是的样子，但是这个决策正确与否，仍取决于一个独立的自然属性，并且在绝对认知标准的基础上，它要么是得到辩护的，要么是未得到辩护的。例如，人们可以接受拉图尔和伍尔加的主张，即所有的科学决策都是在可信性协商的基础上所做出的，而不需要接受建构主义的附加物，即这些决策所涉及的科学事实都是由这些协商所构成。

通过赞同实在论和绝对论，非建构主义者的社会解释在尼尔森的意义上取得了一种"理性主义者"解释的资格。但这不是尼尔森对抗建构主义的理性主义者的解释。这里有第二个概念节点需要阐明。目前为止，在我的讨论中，我有时把理性主义等同于实在论和绝对论的合取，有时等同于上述观点**加上**这个观点，即对于（一些）科学决策的最好解释就要顾及绝对理性原则和一种独立实在的属性。科学决策是由社会原因所导致但科学事实并非建构而成，这一假设在第一种意义而非第二种意义上是理性主义的。我们阐明所有这些节点的回报是：建构主义者和尼尔森所说的"理性主义者"的解释之间在经验意义上相当至多是假设的结果；然而建构主义和非建构主义的普遍社会决定论之间在经验意义上相当则是毋庸置疑的。没有与科学活动相关的可能材料可以支持其中一种观点而不是另一种观点。这并不意味着建构主义不能获胜。但它确实表明它不能仅凭经验论证而获胜。

现在让我们假设，不仅科学史里的每一事件都有一种建构主义的（不只是社会的）解释，而且建构主义的解释是在每一种情形下能够获得的最好的一种。接着，按照科学合理性的现行标准，我们都应该接受弱科学建构主义的主张，即所有的科学事实都是被建构的。但这些假设对于建立一些建构主义者习惯于暗示的主张，即我们生活在一个被建构的实在中，仍然是严重不足的。这个论题——在第四章中被称为"超强建构主义"——推衍出不存在未被建构的本体事实。但是本体事实的存在或不存在显然不是一个可以由常规科学研究来解决的问题——经验性研究和一般理论论证。至少，超强建构主义的情形将必须包括一个反对未被建构的本体世界存在的论证。例如，与这种论证相关的还有证实主义（verificationist）的论证。但证实主义的论证不是发生在指导常规科学过程中的这类论证。尼尔森的判断无条件地适用于此：超强建构主义是"一场只能通过纯粹论证加以解决的哲学争论"。

就此而言，科学活动的科学研究本身并不是要建立一个仅仅是强建构主义（对比超强建构主义）的论题。这个论题断言所有可被确定的事实都是被建构的，而且它对于本体世界也未置一词。科学行为的科学研究不能确立这个论题，因为科学家建构所有他们的事实是可以想象的，但阿赞德人却不是这样。为了研究强建构主义的论题，人们不仅必须观察科学家的行为，而且要观察所有从事认识领域活动的社会群体——包括外行人的行为，他们从事着常识性推理，日常事实被证明的过程中所用的正是这样的常识推理。即使我们这样做了，并且发现每个人总是建构着他们的事实，我们仍然无法确立强建构主义。这个问题**不是**把这些过去的观察结果投射到未来，而是在这里引用哲学上的归纳问题，就像地质学中的常规科学辩论中一样，是不合适的。姑且让我们允许，我们对于人类行为的观察结果给予我们充分的理由来得出以下结论，即人类拥有的事实总是已经被以及将要被建构。即便如此，仍然有可能存在一个认识领域，它从未被且永远不会被人类实践，同时它以一种无可改变的方式涉及实在的独立属性。强建构主义不只是想要声称，我们**将**拥有的所有事实都是被建构的；他们想要说的是，我们**可能**拥有的所有事实都是被建构的。但是这种可能性主张不属于科学领域。如果非要说是什么领域的话，那么它们就是哲学的。

关于我称之为"科学建构主义"的论题——所有可能的科学事实都是被建构的这个主张怎么样呢？通过限制其对科学事实的主张而不是对所有的非本体事实的主张，这个论题不构成**强**建构主义。但是它超越了**弱**科学建构主义的主张，即所有的科学事实已经被建构，并且甚至超越了对这一声称的归纳概括而到达一种假设——所有过去、现在和将来的科学事实都是被建构的。这个关于科学家的最后主张与以下假设是相融的，即科学提供了一种方法来达到关于独立实在的属性的真理，但是科学家一直在并将继续到处行骗。他们打算做一件事，却反而做另一件事。他们不是追踪自然的独立属性，而是通过协商来决定他们的事实。针对科学家是怎样行为的科学研究本身并没有告知我们，在更理想的环境下，科学家**可能**会做什么。仅仅通过对真正的科学家的行为进行科学研究，人们不能确定科学家们在理想状况下会做什么。人们必须把**科学**当作思想和准则系统来研究。也就是说，人们必须做科学哲学。正如它的支持者正确地声称的，**弱科学建构主义**在科学社会学中是一种科学假设。但是简单化的科学建构主义不只是一种社会学假设——它是科学哲学中的一个假设。

重述一下要点：科学行为的社会学研究至多形成弱科学建构主义。如果这个论题的科学情形听起来是合理的，那么它会暴露几个世纪以来的一个巨大丑闻。这将会是非常重大的新闻。但这是经验研究在科学社会学中也许能够告诉我们的关于科学的局限性。关于实在建构的更强和更多外来的主张并不会在社会学领域内。这一结论可能从一开始就是被期待的。这应该不会让人感到意外，对于世界的本质和科学地位的问题不能仅仅通过观察人们的行为来解决。

6. 建构主义的先验情形

尽管沉醉于激进的经验论的修辞之中，拉图尔也确实为建构主义呈现
了像是哲学论证一样的东西。在《行动中的科学》(*Science in Action*) 中，
他列出了七条"方法规则"，用来描述"为了考虑把专业学科提供的所有
的经验事实作为'科学、技术和社会'领域的一部分，我们应该做出怎
样的先验的决定"(1987：17)。其中一种先验的决定如下：

> 规则3：既然一个争议的解决是大自然表征的**原因**而非其结果，
> 那么我们永远不能用这样的结果，即用大自然来解释一个争议是如何
> 以及为何得以解决的。

(1987：258)

我们的几种不同层级的建构主义中，哪一种是"先验决定"意图支持的
呢？它出现在讨论科学家实践的语境中，这表明被支持的这一论题就是科
学建构主义。不过，这个主张听起来似乎是打算应用到所有认识实践中
去。当然，在日常生活中或者在阿赞德人的行为中，一个争议的解决恰好
是大自然的表征的原因，在科学中也是如此。对于强建构主义而言，这也
许是一个论证（或是一个"决策"）。无论如何，对于**超强建构主义**而言，
这显然不是一个论证，因为在其结论和一个未被建构的本体世界的假设之
间没有什么矛盾之处。

尽管它被当作"决策"提及，规则3听起来很像是一个论证：先行
词是一个"因为"从句，暗示它应该促进我们对结果的接受。然而，作
为一个论证，规则3是一个**不合逻辑的推论**。一个争议的解决是"大自然
的表征"的原因这一事实可能意味着，**大自然的表征**不能被用来解释一
个争议是怎样被解决的；但是这并不意味着不能诉诸**大自然**。可以肯定的

是，拉图尔相信大自然的表征是大自然自身的**构成**。但这应该是他的结论。在它自己的辩护中诉诸构成性论题显然是循环论证。

45　　这个论证的另一个特征是，如果它被接受，那么它就会使经验论证显得多余。规则 3 等同于以下这个主张，即建构论为真且实在论为假。要接受规则 3 **就要**成为一个建构主义者。为我们所要求接受的这个**先验**决定是如此之强，以至于它排除了拉图尔的人类学所诉诸的关于科学家实际上做什么的事实。几乎不可能出现的情况是，如果拉图尔在报告他的科学的人类学观察结果中，将规则 3 作为一个指导性的方法论规则，那么这些观察结果也许**不会**支持建构主义。只要涉及建构主义的论题，他还不如在吉耶曼的实验室里，把那些无聊的几个月时间都花在洗瓶子上。

　　根据我所能认识到的，规则 3 体现了到目前为止已经得以确切表达的、为建构主义做出的**唯一**哲学论证。可以肯定的是，由自称为"建构主义者"产生的文献里，发现了许多其他论证。但这属于以下两类。第一类论证所关涉的是，科学决策的那些相互对立的"理性主义"解释的缺陷。这类论证的特征表现为材料的非充分决定理论的论证。即使这些论证成功，也没有确立建构主义的论题，因为存在着既非理性主义又非建构主义的科学决策的解释（见第五章）。第二类论证与相对主义和语义建构论有关——这种学说至少**表面上**独立于形而上学建构主义（见第一章）。我在建构主义文献中辨识出的唯一直接针对形而上学建构主义的论证，就是在第五章中所讨论的经验论证以及规则 3 的**先验**论证。关于强建构主义和科学建构主义，接下来要讲的故事涉及各种具体的辩护行为，这些辩护行为致力于迎头痛击来自实在论批评者的驳斥。建构主义的肯定性情形是很少的。但我们应该记得，对于大多数其他的强形而上学论题的肯定性情形也同样很少。没有哪一个针对观念论和唯物论的论证，会合理地强迫来自其竞争对手的赞同。只存在阻挡理性的命令让人们放弃其论题的策略。形而上学假设的传播者只追求一个反对异议的强辩护。如果建构主义者可以做那么多的话，那么他们将会做得和其他人一样好。

7. 对建构主义的三个简洁且不充分的异议

对建构主义有三个非常简单的异议,它们在实在论者的圈子里传播得 相当广泛,以至于它们都进入了公共领域。此外,许多实在论者将这三个异议视为起决定性作用的异议。依据他们的观点,每个人都知道建构主义有什么问题——这个主题不值得再做进一步探讨。这些实在论者错了。这三个异议是:

1. 建构主义是以混淆事实和与信念有关的事实为基础的。
2. 建构主义导致一个奇怪的结论——在人类存在之前,世界是不存在的。
3. 建构主义无法解释科学在实用主义意义上取得的成功。

让我们依次来看一下这些异议。

第一个异议是拉图尔规则 3 的镜像。拉图尔通过预设大自然和大自然表征是同一个东西来回避正题。第一个异议建立在相反预设的基础上,即大自然及其表征是两个独立的东西:

> 解决这个问题的方法,就是要在事实和被相信的事实之间做明显的区分。当被相信的事实的确是一个事实时,我们的信念为真。这看起来似乎是一个明显的几乎毫无意义的区分。但是拉图尔和伍尔加关于 TRH 的研究完全依赖无视上述区别。
>
> (Brown 1989:83)

这一段得到了尼尼鲁托(Niiniluoto 1991)的明确支持。相同的观点在很多其他实在论者的批判中被间接提到。回避正题存在于每种建构主义被指摘混淆知识论和形而上学论题之处。拉图尔可能会因为没有为他的——大自然及其表征是同一个东西——这一论题提供充分的支持而被指摘，事实也确实如此。但正如布朗和尼尼鲁托所声称的，他的错误在于他忽略了大自然及其表征**不是**同一个东西这一事实，他仅仅预设了建构主义是错误

47 的。如果拉图尔是正确的，那么不存在"事实和被相信的事实之间的明显区别"；因此，在没有回避问题的情况下，这个区别并不能被用来说明拉图尔是错的。

第二个异议是世界先于人类存在：

> 第二个异议涉及奇怪的因果力量，建构主义似乎将其指派给了心灵，并允许它在本体论上构成一个世界，这个世界甚至在没有心灵之前也毫无疑问就存在。

(Trout 1994：47)

预期会出现的困境很清楚：在人类存在之前所发生的事情不可能是由人类活动构成的；因此，**所有**事实都是由人类活动构成的这一强建构主义论题一定是错误的。此外，大多数关于前人类世界的事实是真实的科学材料（例如，古生物学的事实）。因此，第二个异议驳斥了科学建构主义，甚至也驳斥了**弱**科学建构主义。

我同意建构主义在这里有潜在的难题。但这些难题与假定人类之前存在一个世界本质上没什么关联。事件的社会建构论者**不久前**已经向建构主义者呈现了他们需要解决的所有概念上的困境。如果他们能处理 1974 年的事实，那么他们就可以处理关于恐龙或宇宙大爆炸的事实。例如，可以认为文艺复兴是由雅各布·布克哈特（Jakob Burckhardt）于 1860 年建构的。与这一主张有关的有两个重要的问题。第一个是再次提到的自反性问题：如果所有的历史事件都是被建构的，那么事件 X 的建构（例如，布克哈特对文艺复兴的建构）也能依次被建构，并且我们可以无限回溯。几种建构主义如何才能应付这个问题还有待观察。（我对自反性问题的处理将出现在第十章中。）然而，很显然，强建构主义者比纯粹的科学建构主义者更难以处理自反性问题。

与历史事实建构有关的第二个问题在同样程度上影响了强建构主义和科学建构主义。如果我们说布克哈特在 1860 年建构了文艺复兴，那么

我们就是在主张 1860 年的事件构成了 16 世纪的一个事件。但是如果 A 构成了 B，那么 A 是 B。因此，A 和 B 在逻辑上不可能有着不同的日期——乍一想似乎就是如此。拉图尔和伍尔加对此做了一个注释——或者至少在论文中——关注了这个困难。谈到 TRH 的建构，他们承认，TRH 在 1969 年被建构之前就已经存在了。但是他们主张，TRH 在 1969 年之前已经存在，这仅仅是在 1969 年那年才为真。这难道不是含糊其词吗？在一篇针对《实验室生活》的支持性评论中，伊恩·哈金给拉图尔和伍尔加助以一臂之力。他基本上承认，这种时间性的说法没有任何意义，但暗示这种无意义却为以下事实所需要，即"我们语言的语法阻止我们"在这种情况下说出真相（Hacking 1988：282）。根据哈金的说法，严格意义上说，那些毫无意义的阐释都在于强调以下事实，即我们日常言语方式让我们"误解了逻辑学家称之为事实主张的模态与时态结构的东西"（281）。

当然，主张我们需要一种新的逻辑是一码事，而持有一种新的逻辑来呈现世界则是另一码事。没有后者的前者完全是一种十分肤浅的摆脱任意哲学难题的方式。我将在第十三章中评估拉图尔对时间的初步处理方案的前景。我现在的观点具有相当的局限性——由于人类之前事件已存在，因而对于建构主义者而言，不存在什么特别的难题。所有的难题都已在这一主张中得到呈现，即关于 1974 年的事实是在 1975 年被建构的。拉图尔和伍尔加告诉我们，我们应该说，事件在 1974 年获得而在 1975 年为真。如果这一解释被证实，那么它将同样适用于恐龙和夸克的建构。如果这个解释最后表明是彻头彻尾的胡说八道，那么它们所处的情形就不太可能出现。根本不存在所谓的与人类出现之前世界的存在扯到一起的难题。

第三个针对建构主义的异议是，建构主义无法解释科学在实现技术目标时所取得的成功：

> 在审视科学社会学的语境中，如何解释成功这一难题反复被提出。它屡屡被提出来，这几乎导致它失去了那种作为难题而必须要讨论的力量。我想试着恢复一点它早先的力量。这里的"成功"所指的并非科学的整体属性，而是指局部的、以目标为导向的成就。因

此，它不需要与颂词紧密联系：科学能够获得局部的成功，而无须在整体上取得成功，或者成为社会中的一种积极力量。事实上，一些最重要和最明显的科学成就已经与军事项目联系在一起，许多人并不把这些军事项目看作我们社会中值得拥有的部分。当他们面对一个军事目标时，科学家（通常是物理学家）在实现这一目标这个问题上，有时表现得相当好。从"知识只不过是协商"的观点来看，这样的能力很难理解。

（Sismondo 1993a：542）

换言之，既然科学家能够根据需要摧毁城市，那么他们一定拥有关于独立实在的知识。

在建构主义的文献中常常就是如此，西斯蒙多（Sismondo）没有告诉我们哪种类型的建构主义会被他提出的难题破坏。科学的成功当然对所有事实都是被建构的这一**强**建构主义立场没有异议。强建构主义对于论证的回应是清晰的：如果所有的事实都是社会性建构而成，那么科学是成功的这一事实也是社会建构的。并且，这里没有遗留什么是强建构主义不能解释的：因为我们都一致赞同科学是成功的，所以科学的成功是一个事实。的确，强建构主义可能是与自反性有关的无法解决的问题的继承者。但那是一个不同的论证。如果强建构主义者**能够**融贯地主张每一个事实都是社会建构的，那么科学是成功的这一（社会性建构的）事实对他们来说没有问题。如果事实证明，强建构主义**不能**融贯地主张每一个事实都是社会建构的，那么根据**那个**解释，它就输给了实在论，而且不是因为科学是成功的。事实上，**既然任何**独立事实的存在都会表明强建构主义是错的，那么假如科学是一个令人沮丧的**失败**是个独立事实，实在论的情形就完全一样。关键并不在于科学是成功的还是失败的，而是关于科学的事实，无论它们是什么，是成功的还是失败的都可以融贯地被认为是建构的。

我想简单说一下，有一个关于建构主义的有趣的道德问题。我们的道德敏感性为以下这一观点所激怒，即广岛的破坏不是发生在一个独立存在的现象领域的一个事件。这种反应反过来又暗示，我们隐约地赞同这一原则——独立事件在道德意义上比建构事件有更高的权重。目前还不清楚为什么会这样。这样的观点让人联想到大众的主张，即身体上的痛苦比精神上的痛苦更沉重——我们通过将一种痛苦归入精神领域来贬低它。在过去，我们（并不成功地）尝试通过使精神病患者确信他们的问题"仅在他们的头脑里"来宽慰他们。随着社会学思维得以更加牢固地确立起来，传统的宽慰会变成"只是一种社会建构"吗？

对于科学建构主义——只声称科学事实是被建构的这一论题而言，科学成功的论证的重要性是什么呢？好吧，可以论证的是，科学家的效力是**关于科学**，而不是关于恰当的"科学事实"的日常事实。因此，科学事实是被建构的这一观点并不能推衍出科学的成功也是被建构的。但是，科学建构主义者如何解释（独立的）科学的成功呢？实在论者的解释是，科学家已经懂得了一些独立的、关于宇宙的真理。科学建构主义者可以提供什么样的解释呢？

科学建构主义者至少有两个现成的回应。第一个回应是宣称科学的成功终究**是**被建构的。可以肯定的是，他们的科学建构主义并不强迫他们把所有的日常事实都视为被建构的。但也不**禁止**他们把任何特定的日常事实看作被建构的。他们可以接受这样的观点，即一些日常事实是独立的，另一些日常事实是被建构的，并且科学的成功恰好属于被建构的范畴。也许 *50*
这正变得越发显而易见。毕竟，如果科学成功的论证不能反对强建构主义，那么科学成功的论证就不可能对抗科学建构主义。强建构主义**蕴含着**科学建构主义；因此，关于后者的任何驳斥也将构成对前者的驳斥。这里不可能存在一个逃生舱口，它对强建构主义者开放，却对科学建构主义者而言是关闭的。

倘若不放弃科学事实是由它们自己的活动构成的这一观点，科学建构主义者也可以接受科学的成功作为一个独立的事实。他们所要做的只是提供一个替代物，即对科学成功的非实在论解释。这些很容易就能得到。其中之一就是，尽管不存在独立的科学事实，但是专注于科学文化就会提高人们对接下来会发生什么的**猜对**能力。我们可以区分这个论题的两个版本——一般的版本和具体的版本。根据一般版本，你接受什么样的科学理论无关紧要。这是科学领域的非理论的具体内容——心智的训练、艰苦的工作或其他什么东西——它们能够磨炼我们的猜对能力。对这个观点的初步异议是，它不能解释一些理论的支持者通常比另一些理论的支持者更为成功这样的事实。这可以通过以下假设来解释，即专注于一些理论对我们正确猜测的能力有着特别有益的效果。因此，"正确的"理论不是那种更能准确地描述关于世界的独立真理的理论，而是一种最能帮助你高谈阔论的理论。我把这个称为科学成功的**咒语**理论（abracadabra theory）。根据咒语理论，科学的成功被还原为科学家的成功，并且后者被给予一个因果性解释。

咒语理论是不是太不靠谱了，基本上没有什么解释力呢？我一点儿也不认为它有那么不靠谱。科学家做出成功的预测是由于一种默会的理解，这样的理解超越了任何由他们正式的理论所明确界定的事物，有一个可敬的哲学先驱持这一观点：参见波兰尼（Polanyi 1958）。至少，实在论者应该发现它不比建构主义者的论题本身更为合理。如果他们同意这个评价，那么在基于不可行性而摒弃咒语理论的同时，他们就不能很好地承担驳斥建构主义这一论辩的重担。他们也可以只摒弃建构主义本身。

总而言之，有关科学成功的论证甚至连驳斥建构主义的边都不沾。

8. 错误表征的难题

最近建构主义的批评者已经提出了一系列相关的异议，这些异议以这
样或那样的方式与建构主义者处理错误表征有关。这些批评攻击的目标是
科学建构主义。毋庸置疑，这些攻击的成功也将构成对强建构主义更强立
场的驳斥。以下是罗伯特·诺拉（Robert Nola）的异议：

> 我有一个更进一步相关的异议要提出……我们的理论可能是错
> 误的（false），或者（如果你愿意这么说的话）我们的表征是错误
> 的，但是理论所说的东西真实（true）存在。关于什么东西存在，这
> 个理论是正确的（right），但是对于事物是如何关联的所做出的解释
> 则是错误的，或者它使用错误的法则，或者此类什么东西。例如，玻
> 尔（Bohr）早期的原子理论关于电子和原子核的存在是正确的，但
> 是这个理论对于所有的、各种各样的事物的存在来说却是错误的
> （wrong），包括玻尔后来在他的量子理论中改进的法则。让我困惑的
> 是，一个理论在关于何物存在这个问题上是正确的，但在关于许多其
> 他事物问题上则是错误的，这样的理论如何才能被用于建构何物存
> 在——或建构该理论的对象呢？就像建构主义者常常会说的……我看
> 不出有什么样的回答可以给出。

（Nola 1995：706）

诺拉在这段话里并没有用自己的声音说话。他的文章有对话的形式，并且
引用部分是由一个具有现实主义倾向的哈姆雷特（Hamlet）对建构主义
者波洛涅斯（Polonius）说出来的。然而，诺拉对王子的同情显而易见。

现在，哈姆雷特并没有像他可能对待困难的本质那样明确。这正是我
对他的观点的看法。建构主义的论题指的是，科学的对象是由对它们做出

假定的那个理论经协商所达成的**胜利**构成的。但是，**由被击败的**理论所假定的对象就**不应该**存在。然而，科学家通常确实会相信由失效的理论所假定的理论实体。因此，建构主义者的论述无法解释实际的科学实践。因此，科学建构主义（一种**理由更充足**的强建构主义）是错误的。

52   特鲁托（Trout 1994）给出了一个本质上相同的异议的完整版本。像诺拉一样，他以这样的观察开始，即科学家频繁地接受被拒斥的理论的本体论。此外，他表明，这种接受不可消除地出现在基本科学实践的原理之中。根据特鲁托所言，正是这个本体论承诺保证了将旧有证据用于证实当前的理论。特鲁托引用了在当代彗星轨道计算中使用"古代"的彗星目击报告的例子。其中一些报告是由科学家提出的，他们对彗星的性质有着截然不同的理论。例如，直到 16 世纪，彗星被广泛认为是气象而不是天文现象。尽管如此，这些报告以及其他古代报告通常被认为是为当前被接受的科学对象提供信息。在某些情形中，古代报告对于彗星轨道的当代计算是**必要的**：没有它们的话，现代科学将不得不在相当程度上减少其知识主张。

但是正如建构主义所声称，如果理论构成了它们的对象，那么大概不同的理论必然构成了不同的对象：

> 这是一种建构主义者对证据解释的结果，由古代科学家观察到的对象与目前观察到的是**不同的**对象，因为它具有不同的关联特征。这不是把一个指称理论的描述归因于建构主义的人造事实，而是建构主义者自身对**本体论的理论构成**的描述。

> （Trout 1994：53）

此外，如果我们的现代彗星与古代彗星不是同一个事物，那么通过引用古代的证据来证实当前理论的行为会变得不可理解。因此，建构主义无法解释一个共同的科学实践。

在上面引用的段落中，特鲁托通过理论来谈论了事物的构成。这不是对建构主义论题完全准确的表述。根据建构主义者的看法，理论并不自己构成它们的对象。如果我编造一个理论，忍住不告诉任何人，然后又忘了它，那么这个理论不会有任何构成活动。"本体论的构成"是通过一个**社**

会进程来实现的，在这个过程中理论仅仅是要素之一。毫无疑问，特鲁托在此只是利用了一个言语的捷径。当我将建构主义描述为对象与它的表征为同一个东西这样的论题时，我在第六章做了同样的事情。然而，在目前的语境中，这种简化的语言模式掩盖了论证中的一个漏洞。特鲁托的分析并不排除以下建构主义者对古代资料使用的解释。对于这一解释成功的主要前提条件，正如我要建议的，就是古代的说法应该**蕴含着**能够用后继（successor）本体论来表达。这个条件很容易得到满足。不妨以彗星 *53*为例。的确，古代人表达他们的观察报告所使用的术语，根据现代观点，是没有指称对象的：当他们说彗星 X 于时间 t 是在天体上的位置 p 时，他们指的是气象现象。我们现在认为这份观测报告是假的——在（t, p）没有气象现象。但有一些**通用的**概念，包括我们对彗星的现代概念和古代概念。出现在天空中具有发光尾巴的物体的概念就是其中一个。让我们将任何这样的物体称为"原型彗星"（protocomet）。古代和现代科学家都有一个更详细的故事来讲述他们称之为"彗星"的物体。但对于接受他们信念中的原型彗星的意义，他们都不应该有任何异议。报道彗星在（t, p）出现的古代科学家毫无疑问已经加入了在（t, p）有一颗原始彗星出现这一更弱的主张。可以公平地说，这个较弱的主张是古代彗星传说的一部分。此外，这个较弱的主张不违背现代科学家的本体论。

当然，一个主张停留在现代科学家本体论范围内这一事实，并不意味着现代科学家必须接受它。但如果他们**确实**接受了它，那么建构主义者就有一个现成的解释。让我们引入一个**构成性场景**的概念：对于任何假定的事实 x，x 的构成场景 Sx 是社会场景，其发生构成了 x。科学建构主义的观点是，每个科学事实 x 都有一个 Sx。我们还需要一个**子场景**的概念。如果 Sx 的发生在逻辑上推衍出 Sy 的发生，那么 Sy 就是 Sx 的子场景。由科学家一致同意的 TRH 已被合成，为一个由科学家和非科学家普遍同意的 TRH 已被合成场景中的一个子场景。

现在，如果建构主义者观察到现代科学家接受了一份古代的数据，他们可能会这样解释这件事。假定 x 完全就是古代的主张。在特鲁托的例子中，x 可能是古代的说法，即一颗"彗星"——也就是某种类型的气象现象——在（t, p）被观察到。让 y 成为较弱的子主张（weak subclaim），它与现代本体论相融并且为现代科学家所接受——例如，在（t，p）观察到原始彗星。从建构主义者的角度来看，科学家接受 y 的事实仅仅表明：

1. 构成场景 Sy 是 Sx 的一个子场景，并且
2. 虽然 Sx 不再存在，但 Sy 仍然存在。

换句话说，古代实在的构成受一个现在不再存在的社会场景 Sx 的影响。因此，古代的实在 x 不再是我们的实在。但是，这种失效的社会场景有一个子场景 Sy，它存活了下来，并且继续构成了古代实在的一些元素。

54 这个分析为诺拉和特鲁托的疑虑提供了一个补救办法。诺拉认为，当 Sx 瓦解时，由场景 Sx 构成的所有实体都会分崩离析。但是如此假定不过是为了假设构成性场景在没有论证的情况下，**没有**能够得以保留的子场景。至于特鲁托对使用古代数据的担心，很容易看出来，构成性场景的幸存下来的东西是如何稳定保持一些对现代理论具有确定性后果的古代数据：当关于原始彗星的旧有事实与更多最近构成的事实——原始彗星都是**彗星**（用现代意义上的话来说）——相联合时，我们就生成了关于彗星的额外信息。

这样的建构主义解释依赖下述原则，即对于古代数据的每一次当代使用，都相应地有一个构成性场景，它：

1. 是**完整地**构成古代说法的场景的一个子场景，并且它
2. 完好无损地存留至今。

当然，在没有对场景构成事实所依照的这些原则进行详细说明的情况下，不可能确立这一存在性主张。不过无论是诺拉还是特鲁托都没有给我们提供任何理由来假设存在性主张不成立。如果没有这样的论证，他们就不能说是为建构主义设计了一个困境。他们只是再次指出，建构主义者需要获得更具体的论证方法。

此外，可以有一些强有力的理由来假定，运用**一些**古代材料的条件是可以得到满足的。这样的假定相当于以下非常弱的主张——一些事实在社会意义上**独立**于其他一些事实。说事实 x 是在社会意义上独立于事实 y，就相当于说，x 和 y 的构成性场景——Sx 和 Sy——可以单独发生也可以同时发生——Sx 和 Sy、Sx 和-Sy、-Sx 和 Sy 都是可以实现的事态。即使建

构主义为真，也必然是社会意义上独立的一对对事实。把 TRH 已被合成的事实称为事实 a，并且把曼谷是泰国首都这样的事实称为事实 b。这里大概有一个构成性场景 Sab，它的出现构成了 TRH 已被合成以及曼谷是泰国首都的合取事实。但毫无疑问，这个构成性场景 Sab 有一个子场景 Sa，它能够在前者解散时幸存下来。也就是说，这里可能有一些社会巨变，并因此而不再出现 TRH 已被合成这样的情形，尽管曼谷仍然是泰国的首都。在对建构主义观点的一般描述中，没有什么能够导致人们得出这样的结论，即就这一点而言，构成古代彗星传说的社会场景不能像构成场景 Sab 那样。

特鲁托同样表达他的下述观点，即建构主义者将会发现难以解释理论是如何被拒斥的：

> 建构主义遇到的第一个挑战发生在它试图解释为什么科学家曾 *55* 被迫放弃一个理论，假如就像建构主义者所主张的那样，理论定义了 它们被引入来解释的这个世界。

（Trout 1994：46）

这里的困难在于：既然被接受的理论**根据事实本身来看**为真，那么一旦理论被接受，就没有理由来拒绝理论了。增加这样一个异议是为了表明，当建构主义者首先试图解释新理论如何被接受的时候，就会有一个拒斥已被接受的理论的特定问题，对于这一问题，他们不会直面以对。但是接受和拒绝均带来同等的解释性挑战。假设我们承认，建构主义者对于理论接受有一个充分的解释。然后，他们就能够解释事件是如何按照以下顺序得以发展的。首先，提出一个与盛行观点相悖的新理论。其次，因为它与盛行观点背道而驰，所以它会由于为假而被拒绝；但是这还不是对特鲁托视之为有问题的、**先前已被接受的**理论的拒绝——由于它与已被接受的观点相冲突，所以它是对一个从未被接受理论的初步拒绝。需要注意的是，在这个阶段，拒绝者是**对的**：如果建构主义是正确的，那么流行观点**根据事实本身**也是正确的，这可推衍出它的对立者就是错误的。最后，由于社会协商过程的缘故，流行观点被抛弃，新的理论则被接受，因此它构成了一个新的真理。特鲁托特地找出了那些盛行观点因为其问题重重而被放弃的过程。但是，驳斥旧理论和采纳新理论处于相同的处境中。事实上，这些过程中某个被描述成接受，而另一个过程则被视为拒绝，这完全是一个惯常的做法。拒绝旧理论 X 也可以被描述为接受对它的否定，即-X；同时，接受新理论 Y 与拒绝-Y 是一回事。如果我们允许社会协商可以解释这些过程中的一个的话，那么我们就不能声称另一个是有问题的。

也许特鲁托的观点是，对建构主义者而言，恰恰是**理论变化**的过程，才是有问题的。按照这样的解释，他的讨论没有聚焦在理论拒绝上，因为拒绝一个被取代的理论比接受一个取代的理论更加成问题——他集中在拒绝上，原因在于理论变化（涉及对旧理论的拒绝）比接受一些领域（不涉及拒绝）的**初始**理论更成问题。即使承认建构主义能够解释一开始接受的现象，建构主义仍然会在科学家频繁地改变他们的想法这一事实上犹豫不决——特鲁托或许就会有如此主张。这里假设的难题是，被接受的理论因为对它们的接受确保了其真理性不能被抛弃，并且新的彼此竞争的理论因为它们与符合事实的旧理论相冲突而不能被接受。

56　　这里有一个特别的困难，这一印象来源于将个人主义思维模式引入**社会**建构主义的世界观中。人们可以想象一个个体研究者共同体，每个研究者都无法找到与盛行观点相反的证据，因为这些现象正是由那些观点构成的。但是，一个个体研究者理解或相信的需要与实在的社会建构无关。一个理论的本体论不是由研究人员在该领域中的私人感觉中枢中可观察结果的证实构成的。它是由那些作为协商代表的人的公共胜利所构成的。构成性效应完全与下述可能性相容，即很多个体科学家对于某个理论有严肃的私人保留，并且由于政治原因，他们又无法表达出来。不过随后政治局势可能会改变，因此私人保留会被公开，认识权力的平衡得以转换，并且开始协商一个新的实在。

这种转换通常在社会实在的情形中发生，其社会建构毫无争议。法律和习俗改变了，货币变得毫不值钱，语词的意义也转换了。恰恰是这些现象的存在已经表明，对建构主义不能解释理论变化这一论证的驳斥。也许这个想法，即物理实在是社会性建构的，有着根本性的错误。但是，如果我们承认这个想法是融贯的，那么就不能反对被建构的实在不可能有什么变化，因为从社会性建构实在的无争议的情形中，我们知道它们确实改变了。

毫无疑问，被建构的实在能够改变。然而，建构主义者还有另一个潜在的问题。可以说，那些进行改变的人要么犯错误，要么在做着不道德的事情。为了对公认的观点进行攻击，就必须对实际**为真**的观点表示反对。现在，要么你相信公认的观点为假，要么你声明连你自己都不相信的新观点。在第一种情形下，你接受一个事实错误；在第二种情形下，你对于自己的不诚实感到羞愧。因此，看起来似乎只有现状的捍卫者是无可指摘的。西斯蒙多（Sismondo 1993b：567）已经提出了这个难题。建构主义的回应可以是，接受一个建构主义世界观带来了对传统认识伦理观念的重新评价。如果我们认为虚假的主张可以再造真理，那么我们应该只声明我们自己视之为真的信念，这一观点显然失去了很多影响力。无论如何都不能简单地假定，一个独立世界中恰当的认识活动跟由那个认识活动构成的某个世界中的恰当的认识活动相同。

有一个完全不同又十分有趣的方法来解决西斯蒙多的难题。建构主义者以及他们的实在论批评者都假定，建构主义论题必然与共识效应有关：正是某类接受使得一个理论为真。建构主义者没有必要采纳严格一致的真理理论。事实上，他们中的大多数把事实的构成表示为不单单涉及民主投 *57* 票的事物。但人们总是认为，事实是由一些人在一些情况下采纳某种对推定性事实的肯定态度构成。我的观点是，建构主义论题并没有要求这一普通的假设。人类的行为构成了一种现象这种说法，并不等于承诺了以下这样的观点，即任何人对待任何情况下的现象都有各种肯定的态度。我们共同的恐惧和焦虑构成了它们的对象，这一想法也是一个建构主义者论题。然而，相对于**这个**论题，西斯蒙多的难题根本不会出现。假定我们共同恐惧的事物成为真理，我们共同地惧怕理论 T 的后果，那么 T 为真。此外，这个真理是由我们自己的活动所建构的。但也不一定就会是这样的情形，也就是我们中的任何人都相信或同意这一真理。事实上，我们实际的观点和声明可能与社会性建构的真理 T 不相容。相反，即使建构主义为真，每个人都同意 T 为真这一事实也不能推衍出 T **为真**。因此，倘若不支持错误的教条，即使他们生活在一个被建构的实在中，科学的反叛者也可能不认同现状。这一切都取决于建构主义的各种原则。

存在非共识性的实在建构这一假定的合理性到底如何呢？在这里有必要再次说明，在毫无争议的意义上所建构的社会现象的世界提供了例证的来源。在第四章中，我引用社会约定作为在社会意义上建构的实在的例子：因为每个人都同意，一个正在运行的社会约定**是**为了该约定能得其所。在这种情况下，一个否认约定存在的孤立个体只会是错的。如果科学实在的建构遵循这一样式，那么我们就明白了西斯蒙多的难题：一个否认当前被接受的理论之真的孤立科学家会是错的。但是，这里无疑存在其他的社会建构，而它们没有这样的结果。例如，假设每个人都认为威拉德·V. 奎因（Willard V. Quine）的名字对一般人而言都应当有所听说。然后，根据每个人都有这个想法，威拉德·V. 奎因的名字就是大家都熟知的。此外，关于奎因名字的这个事实显然是一个社会建构的事实——它因人类活动而为真。但每个人将会发现这个社会建构的事实为假！在这种情况下，一个不同意关于社会性建构的事实当下意见的孤立个体可能是唯一一个正确的人。

上述评论有助于建构主义免遭西斯蒙多的难题困扰。但是，它们同样也是从建构主义领域内的角度，对当前建构主义思维的批评。建构主义者把无争议的社会实在的建构作为科学实在建构的典范。同样，他们普遍认为，科学实在总是基于自我证实的主张：这是某种面对使其为真的理论时*58* 的肯定态度。不过，无争议的社会实在的建构也涉及其他类型建构主义过程。有时它甚至涉及**弄巧成拙的**主张，其中，每一个都**否定**使得该事实为真的事实。即使同意科学事实是被建构的，我们为什么应该假设它们总是沿着自我证实的路线被建构呢？

9. 建构经验论和社会建构主义

本书读者中熟悉过去十年或者二十年的科学哲学文献的人可能正在
体验一种似曾相识的不安的感觉。当然，在这之前，他们已经看到了这些
争论、策略性防御以及反击性防御。本章的目标是使他们消除疑虑，确保
他们没有产生错觉。这些在 20 世纪 90 年代形成的关于社会建构主义的大
多数观点，不论是赞成还是反对，都在 80 年代经历了哲学的考验。然而，
在第一次哲学考验中，其分析主题是在范弗拉森（van Fraassen）的《科
学的形象》（*Scientific Image*）中被阐释的建构经验论哲学。

这种并行状况的理由不难确定。那就是建构经验论是一种建构主义。
更精确地说，社会建构主义和建构经验论之间的关系，类似于一张失焦的
照片和一个与所有模糊特征相一致的更清晰的图像之间的关系。后者是范
弗拉森的**科学的形象**；前者是社会建构主义者的模糊的形象（Blurry Im-
age）。当然，没有哪个自我标榜的社会建构主义者会愿意**完全**认可范弗拉
森的观点。此外，我可以确定，范弗拉森与拉图尔、诺尔-塞蒂娜，以及
可能打着建构主义旗号的其他每一个科学学者，都有重要观点的分歧。但
是，在范弗拉森和一些社会建构主义者之间的哲学差异没有比不同建构主
义者之间的差异更大。事实上，可以认为，范弗拉森和拉图尔在其想法上
的差异并不比拉图尔在他自己的一些想法上的差异更大。如果这个对比性
论题是正确的——如果建构经验论是一种建构主义的精确化，那么随之可
以认为，它与建构经验论的评价相关的所有论证及其相反论证同样都必须
与建构主义的评价有关。然而，因为第二目标更为模糊的本质，相同的哲
学观点采用了一种不同的色调（coloration），这让他们具有新颖事物的迷
惑外表。这就是为什么争论始终在循环往复。

本章的大部分讨论分成两部分。首先，我会详细阐述建构主义的重要
60 学说和建构经验论之间的关系。顺便提一下，用"建构经验论"这个表
达，我指的是《科学的形象》一书中阐释的科学哲学；范弗拉森的后期
（van Fraassen 1989）著作提出了一些有悖 1980 年经典陈述的重要主张。
其次，我将在每一个论题所引发的交互论辩中展示一些显著的相似之处。
我会证明，对建构经验论的批判或辩护的每一个重要的策略性行动，都对
应一个相应的——常常是完全相同的——关于建构主义的争论。我会以双
方争论的未来分歧的前景进行简短反思结束。

这里有一个关于建构经验论和社会建构主义的简要的对比性描述。一
开始，范弗拉森将我们关于世界的主张分成两个类别——一类是推定性的
可观察对象的可观察属性，另一类是推定性的不可观察对象的属性。此
外，前者被赋予某种认识优先——从不介意被后者抑制。乍一看，这可能
似乎已经构成了与建构主义的一个重大区别。难道建构主义者不想以同样
的方式对待可观察的和不可观察的主张吗？在模糊的形象中的答案既是
"是"也是"否"。毫无疑问，关于生活在一个我们自己设计的世界里这
一建构主义表达，强烈地暗示一种对所有事实性断言进行公平的对待。这
就是被我称为强建构主义的观点。但也很容易找到一些段落——经常被相
同的作者发现——似乎支持一种在更多优先性和更少优先性主张的类型
之间的区别。我们已经看到了来自拉图尔的一组引述，它们例证了两种倾
向。不妨回顾拉图尔的规则 3：

> 既然一个争议的解决是大自然的表征的**原因**而非其结果，那么我
> 们永远不能用这样的结果，即用大自然来解释一个争议是如何以及为
> 何得以解决的。

（Latour 1987：258）

我这里要简要提醒读者关于规则 3 存在的缺陷。然而，无论它可能拥有什
么优缺点，它可能同样适用于任何关于大自然的有争议的主张。既然任何
一种主张无论如何都可能引起争议，那么看起来，规则 3 蕴含了关于大自
然的**所有**事实都是被建构的。也就是说，拉图尔在这段话中的意思听起来
更像是一个强建构主义者。

但是我们前面同样已经阅读过一个段落，在那里，拉图尔认可像可观察和不可观察的区分这样一些观点。在和卡隆合写的一篇文章中，他指出，在他的"框架"中，与实在论者的框架相反，"唯一可观察的是由对象、论证、技能和通过集合体循环的符号留下的痕迹"（Callon and Latour 1992：350-1）。这个可观察领域的描述并不像人们希望的那样清楚。不管一个事物可能留下什么样的痕迹，看起来模糊的形象能够适应一种可观察与不可观察的区分。将这样一种区分引入一个建构主义框架中，就产生 *61* 了我在第四章中称之为**工具建构主义**的学说。从强建构主义到工具建构主义的策略性回退，也许能够提供一个摆脱可能会困扰强建构主义的自反性逻辑问题的出口。但是这样做的代价是大幅度降低论题的新颖性。因为，如果拉图尔所说的一切是关于不可观察的事物都是被建构的这一推定性事实，那么这之前已经说过了。范弗拉森：

> 我使用"建构的"这个形容词来表明我的观点，即科学活动是一种建构，而不是发现：是建构适合现象的模型，而不是发现有关不可观察物的真理。

> （van Fraasson 1980：5）

可以肯定的是，这听起来好像是拉图尔想要缩减可观察物的范围，以使得比范弗拉森所做的更接近于一些未命名的哲学核心问题。但是，这是一个细节上的差异，可以在哲学盟友之间友好地得到解决。

在范弗拉森和那些以建构主义者自称的人之间最显著的差异是，后者强调科学事实的**社会**建构：究竟什么才会被科学接受是由社会协商过程所决定。当范弗拉森谈论建构的时候，他是在认知方面而不是在社会方面谈论它。然而，由于以下两个理由，这种差异不是很显著。首先，建构经验论对社会建构没有**敌意**。范弗拉森可以承认，越过它们经验相当的竞争理论而接受科学理论完全是由社会协商过程所决定，并没有改变《科学的形象》中任何核心观点。其次，一些建构主义者自身不再强调建构过程中的社会作用。这一趋势的明显表现就是，拉图尔和伍尔加合著书中副标题的显著变化，从第一版的**科学事实的社会建构**（*The Social Construction of Scientific Facts*）到第二版的**科学事实的建构**（*The Construction of*

Scientific Facts）。

两种建构哲学之间最具实质性的差异涉及被建构的人造事实的认识地位。根据范弗拉森，被建构的理论主张可能为真也可能为假，但是我们永远都无法获得充分的根据来相信它们为真。另外，建构主义者通常主张，建构活动**构成**事实。在建构了夸克之后，相信夸克存在就不再是不合理的；但如果说夸克存在，那么只不过相当于说某种建构活动已经发生了。随着理论事实"还原"到可观察事实，这就更让人想起早期逻辑实
62 证主义，而不是范弗拉森的观点。建构主义和经典还原论之间的差异似乎是在物料的本质上，建构正是从中得以塑造而成。实证主义者根据观察来建构理论实体；建构主义者则从社会事件中造出理论实体。但是，正如卡隆和拉图尔之前的引文所指出，建构主义者在他们的建构中可能也使用"由事物留下的痕迹"。如果拉图尔已经向一个逻辑实证主义者解释了一个事物留下的痕迹是什么，那么实证主义者可能会愿意接受它作为建构理论实体的原材料。无论如何，在第十二章中将会看到，建构经验论和大多数社会建构主义之间的差异使得后者易受一个新论证的影响，而对于前者而言则不受影响。

总而言之，人们不能简单地将建构主义等同于建构经验论，或是实证主义，或是任何其他经典的反实在论。但是，那并不意味着它在科学哲学中是一个新的立场。**强**建构主义是新的立场。但是，当建构主义者以强建构主义表述频繁出现时，几乎所有在他们所表达的内容中得以检验的东西都要求——或至少兼容———种温和的工具建构主义解读方式。通常说来，现代建构主义可以被理解为一种**模糊化**的传统的反实在论。如果是这样的话，人们会期待目前关于建构主义的争论来重述早期反实在论的历史。在下一章，我将会表明，建构主义者和他们的实在论批评者在很大程度上是在重复哲学的历史。或许我应该重申，我正在谈论的建构主义是作为一种科学哲学，而不是由建构主义者所进行的科学的社会研究。后者很有趣、信息量很大，并且确实代表了知识界的一些新观点。往往是哲学的评注伴随这些往往趋向于陈旧的经验性研究。

现在，让我们在这两条论证路线中追踪一些相似之处。（在接下来的讨论中，"反实在论者"这一术语包括了建构经验论者和社会建构论者两

类，而"实在论者"指的是否认建构经验论和建构论的人。）站在反实在论这一边，建构的经验主义者和建构主义者主要依赖一个来自科学实践的论证。这是一个经验论证，据此，科学家的行为最好是由反实在论哲学来解释。举例来说，在建构主义者之间，拉图尔和伍尔加提出他们的研究作为对"科学人类学"的一个贡献：在没有任何预设观念的情况下观察科学家在实验室中的荒唐行为会产生一组数据，建构主义假说则是对这些数据的最佳解释。如第五章中所提到的，来自科学实践的论证几乎是对建构主义的唯一论证。

与之相似，站在建构经验论者一边，范弗拉森有一个著名的观点，他的哲学假设为科学实践提供了最好的解释。以我的推测，科学实践论证是在《科学的形象》中被发现的对于反实在论的**唯一**新的论证。因此，来 *63* 自科学实践的论证在两类反实在论中占据中心位置。范弗拉森考虑到的实践的种类与拉图尔和伍尔加讨论的那些有很大的不同。范弗拉森谈论的实践是一种**认知**实践，即在传统上被视为对科学合理性至关重要的针对科学的规范解释。例如，范弗拉森想要消解普特南（Putnam 1975b）对实在论的"合取"论证。普特南主张，反实在论无法解释下述事实，即科学家通常相信他们所接受的理论的**合取**的经验性后果。范弗拉森做出的著名反驳是，科学史没有表明，两个已被接受的理论的合取是其自身被"毫不犹豫地"接受（van Fraasson 1980：85）。事实上，"不可能有如下关于科学生活的现象：只要通过这种现象进行解释就可以勾画出一幅可信的图景"（85）。继而，从**这个**观察得出，建构经验论充分解释了实际的科学实践。

建构经验论者和社会建构主义者显然都关注解释"科学生活的现象"。很显然，这两种反实在论关注科学生活的不同方面。但是，这场游戏的下一步策略致使这种差异变得无意义，两场游戏均是如此。我们发现，它们各自的反实在论**批评者**都愿意承认反实在论有太多解释余地，它们能够解释**任何可能的科学实践**。这一主张的建构经验论版本由法因（Fine 1984）加以详细论证。在第五章中讨论的建构主义版本，则是由尼尔森（Nelson 1994）提出的。这两篇文章日期之间的差异，是对建构主义者的重述落后于建构经验论历史的时间量的粗略估算。

当然，反实在论可以解释任何科学实践这一事实并不意味着反实在论赢了——因为对于每一个科学实践同样都可能有一个竞争性的**实在论**解释。反实在论者和实在论者需要做的不仅仅是间接提及有关科学家行为的数据来构造他们的情形。他们需要对这两种解释性建议进行对比性评价。作为创立者的拉图尔和范弗拉森是否完全承认这一必然性（不妨回顾我所讨论的1980年时范弗拉森提出的观点），这一点并不是非常清楚。特别是拉图尔，看起来经常像是一个激进的经验论者。他建议只要用不带偏见的眼光去看"实验室的生活"就足以使一个人成为建构主义者。范弗拉森承认，有必要在实在论者和反实在论者对科学实践的解释之间进行比较。他认为，实在论解释由于其"可扩张"的性质，因而不是很好。但是，至少在1980年，他忘记告诉我们为什么可扩张解释被视为不好。拉图尔以及后期范弗拉森那里都有些段落可以被解释成，它们为反实在论解释的优先性提供了它所欠缺的论证。但是这两组考虑都遭受到同一对概念困扰。首先，假定论证是合理的，它们会使其应该承担的科学实践论证变得多余。其次，这些论证回避了反对它们的实在论对手的问题。我们看到（在第六章中），这在建构主义者这一方也是如此。在拉图尔的著作中可以发现最接近建构主义**先验**论证的观点在规则3中得到间接表达。但是，规则3仅仅预设了建构主义之真。此外，如果规则3可被接受的话，那么这会使拉图尔的人类学研究变得多余。

现在让我们看一下同样的剧本在建构经验论的历史中是如何呈现的。1980年，范弗拉森声称他关于科学的观点可以解释所有关于科学实践的事实。当然，即使这种声称是真的，它本身也不足以支持他的哲学结论。范弗拉森还需要证明他的解释要优于相互竞争的实在论解释。此时，范弗拉森诉诸本体论简约的优点：建构经验论的解释和实在论的解释做同样的工作，并且它是在"不带有扩张性形而上学的"（1980：73）情况下这样做的。实在论解释诉诸理论实体以及可观察到的现象，而同等的建构经验论的解释仅仅诉诸可观察到的现象。但谁说本体论的简约性是最重要的特征呢？让我们承认建构经验论能解释所有的科学实践，并且它比实在论的解释要少一些形而上学的成分。1980年的范弗拉森似乎认为，这些承认足以得出支持建构经验论的结论。显然，他预设如果两种假说解释了同样的数据，那么我们应该给带有更少形而上学假设的那种假说以更多的信任。这一预设**排除**了以下这种可能性，即我们可能更喜欢那种在非经验的基础上带有更多形而上学的理论，它对数据的解释更简单或更简洁。但是预设这一点就是预设建构经验论本身！为了让 T* 成为一种假说，声称 T 的可观察到的结果为真，但对被 T 所假定的理论实体什么也没说。通过定义，T* 和 T 在经验上是等同的——它们解释所有相同的数据。但是，T 做出了 T* 所要避免的形而上学假定。因此，通过范弗拉森的预设，我们应该选择相信 T* 而不是 T。但是，如果为了每一个 T 都这么做的话，那么**就是**一个建构经验论者。因此，如果我们同意范弗拉森关于科学实践论证的预设，那么我们就可以忽略科学实践论证：预设已经给予我们结果。同样地，不要指望一个实在论者会给予范弗拉森一个他所需要的预设。承认这一点就是承认实在论为假。

拉图尔人类学论证的相似性显而易见。像范弗拉森一样，拉图尔主张他的观点能解释所有的科学实践。像范弗拉森一样，他需要为他的主张补充一个论证来达到这样一个效果——反实在论的解释优于任何现有的实在论解释。范弗拉森诉诸简约性原则。而拉图尔则诉诸规则 3，它规定，*65* 在我们对科学实践的解释中诉诸大自然是无效的。两种诉诸方式都回避了正在讨论的问题。此外，各自的预设如此强大，以至于如果接受它们，那么它们的支持者将不再需要确定关于科学实践的事实——仅凭预设就已经让他们获得胜利。因此，无论是范弗拉森，还是拉图尔都没有给出一个科学实践的论证。

现在让我们看一下对实在论的论证。我们在这里又一次发现建构经验论和社会建构主义文献之间有显著的相似之处——在实在论者已经准备好来**反对**这些立场的论证的情形下。我首先提出一个不那么让人惊奇的相似之处：实在论者通过描述反实在论者不能解释的科学实践来试图驳斥反实在论的这两种类型。关于这类建构经验论的最著名的关键攻击已经被提及过——这就是普特南（Putnam 1975b）的合取异议。范弗拉森也提出过同样著名的反驳，"不可能有如下关于科学生活的现象"，科学家只从联合性理论中获得经验性结果。范弗拉森的这种相反主张其本身为特鲁托（Trout 1992）所质疑。特鲁托指向科学生活的具体现象，正是在这种现象中，理论似乎得以直接联合在一起。根据特鲁托的看法，每次当科学家使用一种理论作为一种辅助假设，并从他们正在研究的理论中获得经验性结果时，一个直接且未修改的理论合取就发生了。与范弗拉森的主张相反，这种"唯利是图"的理论辅助的使用，并不涉及任何辅助性理论的修正。事实上，使用者通常不熟悉辅助理论来自哪个领域，因此提出理论的修正也是不合适的。特鲁托的论文由此构成了一个反对建构经验论的科学实践论证。在另一个地方，我已经提出，尽管特鲁托关于他的"科学家联合了理论"的主张是正确的，但是这个观察对建构经验论（Kukla 1994）没有造成任何严重的问题。简言之，相信联合性理论的经验结果这一论证不会在逻辑上让人相信理论本身。

在更近的一篇文章中，特鲁托（Trout 1994）提出另一种科学实践论证——这次是反对社会建构主义。根据特鲁托的观点，建构主义者无法解释以下这样的事实，即按照被拒绝的理论本体所做出的说明，科学家频繁使用旧证据来证实或证伪当前的理论。像特鲁托早先的论证一样，通过表明争论中的实践与正在讨论的反实在论这一标签是相融的，这个论证就已经被推翻了。我再次成为特鲁托这个批评的批判者（参见前面章节）。显然，建构经验论的历史与社会建构论的历史之间的联系，甚至延伸到了个人的身份之中。

66　　　实在论者用于反对这两种类型的反实在论的主要论辩武器，始终是用科学成功来进行的论证。针对建构主义的科学成功的（success-of-science）论证在第七章中进行了考察。考察的结果是，论证遭到与反实在论的科学实践论证同样的失败。首先，它通过假定科学成功是一个独立的、非建构事实回避了反对建构主义的那个问题。此外，如果科学成功的程度是一个非建构事实，那么无论程度大小，都不重要。正如科学就是成功这一独立事实一样，科学就是**失败**这一独立事实反驳了强建构主义。因此，来自科学成功的这个论证不得不面对这些额外的缺陷——如果论证是合理的，那么它将会是多余的。不管你如何解读，对科学成功的暗示不会加强反对建构主义的情形。

在建构经验论方面，还有一个完全对称的故事可以来讲一讲。对于建构经验论而言，来自科学成功的论证主要是（又一次）由普特南（Putnam 1975a) 提出，他的版本以"奇迹论证"命名。普特南认为，对我们理论的预见性成功的唯一解释恰恰就是这些理论为真这一假设（Putnam 1975a）。更自由的论证版本则提出了更弱的主张——理论真理是对科学成功的**最好**解释。劳丹（Laudan 1984）和法因（Fine 1984）不久前各自指出，这个论证回避了反对建构经验论的那个问题。事实上，正如范弗拉森在他的科学实践论证中也回避了同样的问题——它仅仅是用其他方式来回避。假设实在论者在他们的主张中的立场是正确的，即理论真理是对预见性成功的最好解释。进一步假设这种事态构成了实在论的理性基础，这就相当于认为一个假说的解释性优点包含在它的信念价值里。但是，正如我们所看到的，这是建构经验论者所否认的。此外，如果实在论者**能够**利用这一假设，即解释性的善包含在信念价值里，那么他们就不再需要科学成功的论证——他们可以直接从一个观察到的事实转变为对其最佳理论解释的信念。再次重申，对科学成功的暗示不会强化科学实在论者的阵地。

　　鉴于两个目标学说之间概念上的关联，这两个文献之间存在的广泛相似性也就不令人奇怪了。如果建构经验论是一种建构主义的精确化，那么每一个与前者相关的考虑也将会影响到后者。这个命题的逆命题是什么呢？对于没有建构经验论的对应物的建构主义而言，有没有什么新的东西要说呢？我认为，有。毕竟，除了建构经验论之外，还有其他潜在的对模 *67*糊形象精确化后的东西。可以认为，若非如此，对建构主义的分析就从一种对早期交流的重述开始了。这些观点已经呼之欲出。但在对建构经验论穷尽一切考虑之后（在一个非常接近的时间点上），关于建构主义的其他版本，仍有话要说。模糊理论最主要的优点在于相对的不可穷尽性。本书余下章节将会处理一些建构经验论的文献中没有出现的论题。毫不奇怪，几乎所有这些都与强建构主义有关。

10. 建构的无限回溯

　　在前面的章节中，我有意回避了自反性难题可能会遭遇的威胁。然而这个问题在这里我们又不得不谈。所有的事实都是由其普遍的本质建构而成的，这一陈述显然是处于它自己的范围之内：如果这的确是一个事实，即所有的事实都是被建构的，那么元事实（metafact）自身也必须是被建构的。此外，元事实是被建构的这个元-元事实（metametafact）当然也必须是被建构的，如此等等。看来，强建构主义的论题会导致一个无限回溯的难题。一些哲学家声称这种回溯（或者是一个近似的概念）将导致强建构主义站不住脚。本章将会评价他们的论证。但首先，我们需要讨论一个影响甚广的、来自社会学家阵营的尝试，来否认可能**有这样**一个源于自反性的论证，这个论证将迫使他们放弃建构主义。

　　马尔孔·阿什莫（Malcolm Ashmore 1989）提出了一个论证，他声称，例如剥夺"彼此彼此"（the tu quoque）这样的推定性力量来禁止某些话语形式。然而，批判他的论证需要有一个精巧的操作，因为他也让人们知道他并不严格地进行符合逻辑的论辩。例如，他引用了实证主义的意义可证实性标准导致的自反性困境：如果不可证实的陈述是无意义的，那么不可证实的陈述是无意义的这一主张由于其不可证实，因而也是无意义的。这是否意味着意义的可证实性标准是站不住脚的呢？在这里，阿什莫说：

> 现在，我无意于就这个绝妙的反讽来**争辩**——对于那些依赖逻辑而生、依赖逻辑而死的人而言，这是一个非常令人满意的事态……
>
> （Ashmore 1989：88）

这一思路的声明意味着，作者并不属于那些依赖逻辑而生的人中的一员，并且由此，他可以不受制于逻辑的力量。尽管如此，在阿什莫的文本中有一些论证，从表面上看，出于融贯性的考虑，在作者所能做到的范围内，它们已被精雕细琢过。这会使潜在的批评者陷入一个经典的双重困境中。在原初的关于精神分裂症（schizophrenia）的双重困境理论中，源性 *69* （schizophrenogenic）母亲声称爱她的孩子，但是在她的声称中插入反讽的要素后，便会有以下这样的情境。如果孩子回应了这份爱，那么她就是一个忽略了反话的可怜的直译者；如果她对反话进行了回应，那么她就是一个不承认爱的公开宣言的忘恩负义的坏蛋。由此类推，如果批评者认为阿什莫的观点中有打趣的意味，那么他们就会公开地嘲讽阿什莫的结论是成立的；但是如果他们提出了反驳，那么他们仅仅暴露了自己是那些依赖逻辑而生的人的庸俗同伴。毕竟，阿什莫自己开玩笑地告诉我们，他关于自反性的分析"是一个失败"（110）——那么，这里还有哪一点可能值得批评呢？

这一批评性困境曾经也出现过。在第五章中，我指出大多数宣扬对建构主义进行经验论证的人同时也是相对主义者。这使他们处在一个可能引起分裂的位置上：如果经验论证成功了，他们可以宣称自己的胜利；但是如果失败了，他们可以通过谈论对相对主义的关注从而否认失败的意义。我处理这种论辩情境的策略是，将经验论证和相对主义分开对待。在第五章中，我试图**根据科学合理性的盛行标准**来评价经验论证是否能够成功。相对主义自身的论题要等到第十五章才出现。我承认，经验论证的失败就其本身而言并不能够导致建构主义兼相对主义之间的对抗。但是，它确实剥夺了相对主义的建构主义者习惯于抨击绝对主义实在论者的一根棍子。我建议用同样的方式来解决阿什莫的双重困境。在这一章，我将在逻辑融贯的现行标准基础上，试图评价阿什莫论证的优点。要再一次说明的是，阿什莫论证的失败并不意味着他自身就失败了。但这确实动摇了其支撑。建构主义领域中涉及与逻辑自身状况有关的问题将会在第十四章中加以讨论。

事实上，我在阿什莫关于"彼此彼此"的讨论中看到了两个论证，尽管只有其中的一个被展开，另一个未曾被展开的论证则基于以下观点：

　　　无论"彼此彼此"还是与之对立的说法均带有逻辑学家对悖论
的偏见，它根植于对其邪恶力量有着着迷的信念。

(88)

　　这种邪恶力量是导致瘫痪的力量（89）："逻辑学家"推测认为，对
不融贯的证明使争论的见证者继续以同样的方式进行思考或讨论变得不
太可能。但是显然，逻辑论证没有这样的邪恶力量。意义可证实性标准的
不融贯并不会导致"逻辑实证主义……不复存在"的结果（88）。如果
"彼此彼此"具有某种造成瘫痪的力量，那么将会导致"你正在阅读的书
不存在"这样的后果（110）。尽管"彼此彼此"，但是"我还在这里说这
70　话"（100）。因此，阿什莫总结道，建构主义领域对"彼此彼此"无所畏
惧。现在的事实是，逻辑上的倾向往往将逻辑说成"强迫"我们去说，
或者是避免去说某些事情。显然，阿什莫将此强迫理解为实际的而不是规
范的。但有谁曾经认为逻辑是可以使人三缄其口的呢？为了达到这个目
的，枪反而是一种更有效的工具。毫无疑问，在某种意义上可以这样说，
逻辑论证没有"力量"。但是这种理解不以任何方式挑战绝对观念，即逻
辑规定对**应该**说什么进行了限定。逻辑是否以及在何种意义上能够被说成
是具有这样规范性的力量，这是我们将在后面章节要进行讨论的。不管这
些研究的结果是什么，它都不会被认为是对这一论证的辩护，即只要听到
它，人们按理就能够以同一种方式继续讨论。
　　阿什莫的主要论证是，由"彼此彼此"造成的无限回溯的难题仅仅
是一个"理论上"的难题，它允许有一个"实用的"解决方案。在阿什
莫看来，无限回溯论证的使用者们认为回溯不利于一个计划，因为它告诉
我们，一旦我们踏出了第一步，我们就注定了要过一个永无止境的劳碌
人生：

　　　无限代表了一种无法被经验、被感知或被达到的现象。它纯粹
是一个"理论"术语，并不指向任何东西。那么，它为何如此频繁
地被视为一种威胁呢？为什么会有这么多对幽灵和深渊的讨论呢？
想必，如果深渊的形象可以是任何东西的话，那么这样的讨论就表达
了一种恐惧，即一旦你开始了就无法停止，因为这里没有尽头，因为

深渊是无限的：一种对永恒死亡的恐惧或者一个地狱般的噩梦。

(104)

阿什莫着手通过以下反思来驱除对诅咒的恐惧：我们不必担忧理论上无限的工作，因为在实践中，一切都会结束的。他引用了奈斯（Naess 1972）用以反对库恩（Kuhn 1962）的"彼此彼此"作为例子。库恩将现代科学与传统科学视为在同一个认知标准上：相对于其范式，每一个都是合理的，但没有哪一个是绝对合理的。奈斯提出如下观点，将库恩的理论运用到库恩的历史地理学中，我们将会得到以下结论，即库恩的历史地理学与他之前的历史地理学是在同一个认知标准上的。库恩的很多声言大意是说，他对科学的历史分析比前人的分析更接近于真理，因此它们会被认为是基于他自己的理论而没有依据。他的理论所要求的是对库恩历史地理学及其竞争对手进行适当讨论，这样的讨论能表明它们处于同一个认知标准上。这就构成了奈斯所说的库恩主义历史学（Kuhnian historiology）——一个关涉正确书写历史的学说。但当然，如果库恩式的分析是正确的，那么库恩主义历史学只是众多相互竞争的历史学中的一种，所 *71* 有这些历史学都要被视为处于同一个认知标准上。无限回溯，这是否意味着库恩主义者注定要介入一个元探究和元-元探究的永无止境的追溯中去呢？也许，"理论上"确实如此。但是，如同所有在真实世界中的过程一样，这一问题会不得不逐渐消失。在这样的特殊情形中，它逐渐消失是因为：

> 总有一个比较匮乏的（库恩意义上）范式环境，在这个环境内进行这样的探究。这是因为元探究依赖于其对象而存在：为了其存在的需要，它要求在前面要先有较低水平的发展……在实践中总有一个阶段元探究会停止的……

(105)

在更普遍的意义上，实用的解决方案就是，即使一项任务在理论上是无限的，我们也要穷尽对象来做。同样的实践上的局限在物理世界的概念上的无限回溯中能够看到：

> 一个例子是，当镜子在反射另一面镜子的图像时所产生的效果，

它反映了第一面镜子的图像……重复下去，理论上没有终止点。但是，图像会变得越来越小，并且如果你想要计算它们的数目，你很快就会停止。**理论上**的无限有了一个**实践上**的终止。用玉米片的例子可以更为清楚地显示出这一观点。在你的早餐桌上有一包玉米片，玉米片的包装袋上是一张微笑的家乐氏（Kellogg family）吃早餐的商标，并且在他们的桌子上也有一包有着同样商标的玉米片，这样继续下去（你知道我想要表达的）。如果你想计算这里到底有多少包玉米片，那么这个数量可能不会超过在最后一个句子中所统计的数字，也就是说，有四包。你看，这仅仅是由于印刷技术的局限。当然，这正是我的观点。

(104)

对于"彼此彼此"焦虑的治疗至少有三个错误。第一，不是所有的自反性论证都是通过产生一个无限回溯的难题而起作用的。考虑以下这一陈述，即"所有的陈述都为假"。假设这一陈述为真。那么，通过把它应用于自身，它遵循该陈述为假这一原则。因此，这一陈述为假。在这里，倘若没有诉诸无限回溯，"彼此彼此"的推理便会有其关键作用。如果具有这种结构的"彼此彼此"是用来反对一个论题，论题的支持者也不会从反思中获得安慰，这一反思指的是，理论上的无限回溯总是会有一个实践上的终止。现在，阿什莫自己引用了一个该类型的非无限的论证，作为"彼此彼此"的例子：反对意义可证实性标准的论证在前文已被讨论。因此，也许他的意思是，他的实用性反思只适用于**确实**会产生无限回溯的"彼此彼此"上。正如将会看到的那样，这个反对建构主义和相对主义的主要论证确实都涉及无限回溯。这样的话，阿什莫的第一个不恰当并不会使他的论证与现有的观点不相关。但是他犯了一个言语风格**有失谨慎**的错误：他的实践性反思不应该如此一致地被表示为一种对"彼此彼此"之弊病的补救。实践性反思的确是削弱无限回溯论证的一次尝试。它不适用于非无限的自反性论证，例如可证实性论证。

第二，阿什莫错误地假定所有的无限回溯都呈现为相同的难题，并且适合（或不适合）用同一个方案来解决。这一点是完全错误的：有无限回溯，然后又有无限回溯。有些回溯是良性的，它们甚至不需要解决。有一个例子是由布鲁尔强纲领的自反性原则产生的回溯（见第二章）。布鲁尔大胆地断言，信念的社会因果关系反过来推衍出社会因果关系中的信念本身必须是在社会意义上所引致的。布鲁尔没有为这样的情景寻找补救，相反他将它看作强纲领的优势之一，即自反性是明确被接纳的。此外，劳丹——作为强纲领最严厉的批评者——甚至没有尝试去制造一些关于自反性论题的争论。然而，这个论题显然会推衍出一个无限回溯的难题：如果所有的信念都有其社会原因，那么对 P 的信念也有其社会原因，对 P 的信念有社会原因这一信念也是如此，等等。但是，这没什么问题，因为这种特殊的无限回溯并不会推衍出每个人都有无限多的工作要做。每一个信念都有其社会原因这一事实将会推衍出：**如果一个人在找工作做的话**，总会有一个额外的科学知识社会学项目需要去做。尽管有这么一个事实——我们始终有无限多的数字能够数出来，但是这不再使我们坠入地狱的深渊。在这两个情形中，**能**被做的工作的数量没有尽头，但是世界上没有为什么我们要做这一切的理由。

如果那是故事的结尾，那么我们将会得出这一结论，即阿什莫的补救是多余的，但是阿什莫在不惧怕回溯带来的后果这一点上是正确的。然而，正如有良性的回溯，因而也有恶性的回溯。阿什莫所讨论的库恩式回溯是一个恶性回溯，尽管我们要等到"相对主义"这一章，我才支持这一主张。正如阿什莫假设的，使这一回溯变得恶性的原因是，它**要求**我们去做无限多的工作（更一般地说，一个恶性的回溯要求无限多的事件必须发生）。然而，在这样的情形下，我们无法做无限多的工作这一无可辩驳的事实并不构成一种对该问题的实践性解决方案——这**是**问题的根源所在。由一个恶性回溯形成的困境并不是它恐将剥夺我们的休息和娱乐，而是如果一个任务**确实**需要无限多的工作，那么当然，**这将是做不完的**。因此，如果无限多的工作**确实**被做完了，那么推衍出它需要无休止劳动的这一论题一定是错误的。这里没有涉及关于无限回溯的复杂逻辑步骤或者外来的形而上学主张。这的确是一个非常现实的困境。例如，假设有人声称他总是在施行任何动作前摇铃。如果这是真的，那么他在传递这个信息给我们之前就应该已经摇了铃。此外，由于摇铃本身就是一个动作，那么他在最后一声铃响前应该已经摇了铃，依此类推。显然，如果他告诉我们的情况属实，那么他应该已经摇了无数次铃，我的意思是，再多数量的铃声也将不能被证明是足够的。阿什莫的治标措施在这里能为我们做些什么呢？可以肯定的是，出于"实践"的原因，我们的行动者无法摇无数次铃。但是，不是为了从他的困境中逃脱出来，而是建立了以下这样一个日常事实，即他告诉我们的事实不可能是真相：他没有无数次地摇铃；因此事实并非如此，即他在执行任何动作前都摇铃。

至少在表面上，反对强建构主义的"彼此彼此"与摇铃一例有着相同的结构：如果所有的事实都是被建构的，那么 F 是被建构的这一事实 F'其本身也必须是被建构的，事实 F'被建构的这一事实 F"其本身也必须是被建构的，如此等等。前面讨论的社会因果关系的回溯造成了无限多的科学知识社会学项目，但这并不要求我们参与其中。建构的回溯是不同的。看起来，我们为了建构一个单一事件则**必须**建构无数多的事实。阿什莫对我们无法做无限多的事情这一现实真理是提醒而不是安慰，这导致了没有事物曾经被建构这样一个错误结论。在现实中，论辩情形要比我刚才所说的更为复杂。一个论题推衍出无限多的事情必须发生这一事实，并不会自动使得这一论题失效——有时情形就是这样，即使是在有限的时间里，无限多的事情**的确**会发生。这些细节将在下面加以探讨。但是，不管反对建构主义的无限回溯论证的最终安排会如何，对于阿什莫的补救并没有解决问题，这一点已经说得足够多了。

现在，让我们从头开始。

我将会考察反对建构主义无限回溯论证的两个版本。在这里，尼尼鲁托认为：

> 首先注意，一些激进的相对主义形式之间是不一致的，或者意味着一种恶性的无限回溯。让我们通过将无限回溯应用到以下主张中，即事实不存在，除非在实验室中被建构……来仿照柏拉图的论证方式……

因此，一个事实 F 存在，如果：

（2）有一个实验室 B，事实 F 在那里已被建构。

现在（2）表示一个事实 F'，且它存在，如果：

（3）有一个实验室 B'，事实 F' 在那里已被建构，

等等。如此继续，要么我们承认在某些阶段，一些事实不因建构而存在，要么我们卷入了一个无穷序列实验室 B，B'，B"……的无限回溯中。

（Niiniluoto 1991：151）

在这段话中，诉诸实验室使事情变得有点混乱。将所有的**科学**事实都是在实验室里被建构而成的这个观点，归于拉图尔和其他建构主义者，这可能是合理的。但是没有人会提出**所有的**事实，甚至是非科学事实都来源于实验室。例如，没有实验室参与事实的建构，即理查德·尼克松（Richard Nixon）曾是一位美国总统，即使似乎很有可能这一事实已被建构。有两种方法可以用来修复尼尼鲁托声明的前提里存在的缺陷。

一条路径是将主张限定在对科学事实的考察。然而，如果我们这样做，那么通过否认科学事实的社会建构本身是一个科学事实这一做法，有可能阻止回溯。从更一般意义上说，建构主义者通过处在一个让步的位置上来进行避难，即声称只有某些类别的事实才是被建构的，从而避免回溯。这种豁免可以基于科学事实 F 的社会建构是一个日常事实，或者基于这是一个**社会—科学**事实来获得许可。采取第一种方法的人是工具建构主义者；采取第二种方法的人是（形而上学的）社会论者（socialist）。工具建构主义者和社会论者有其共同的问题。但是无限回溯论证不是其中之一。

或者，人们可能放弃诉诸实验室。这种修正后的论证其前提是强建构主义者的立场，即所有的事实都是被建构的（在哪里被建构没有关系），而困境在于，它向我们承诺了建构性事件的无限回溯。这个更一般的结论对于建构主义者来说，就像尼尼鲁托无限序列的实验室一样令人不安。应该指出的是，尼尼鲁托没有确切地阐明，为什么无限回溯对于建构主义者

来说是一个难题。他对该难题的讨论以对回溯的呈现为终结。想必，他所希望的是这样一个事实，即拉图尔承诺实验室的有限。当这个缺失的结论被补充之后，尼尼鲁托原来的论证就会变成这样：

1. 假设（强）建构主义为真。
2. 那么这里必须有无限序列的实验室 B，B'，B"……
3. 但是这里只有有限多的实验室。
4. 因此，建构主义为假。

被修正后的论证的前提——只有有限多的不同类别的人类建构——当然就像有有限多个实验室这一论题一样，同样具有说服力。如果这是问题所在，那么用一般建构代替实验室建构将肯定不会削弱这一论证。下面是一般论证在插入了一些附加细节后看起来的样子：

1. 假设（强）建构主义为真。
2. 那么对于任何事实 F 来说，有另一个事实 F'——F 是被建构的这一事实。
3. 因此，如果任何事情都是一个事实，那么必然有无数多个建构事件。
4. 存在事实。
5. 因此，有无限多个建构事件。
6. 但只能有有限多个建构事件。
7. 因此，建构主义为假。

芬恩·科林（Finn Collin）给出了一个无限回溯的论证，这与我从尼尼鲁托那里推衍出的论证至少在表面看来有所不同。科林首先明确地将形而上学社会论——认为"社会事实在某种程度上是自主的且在本体论上先于自然事实"（Collin 1993：25）——从论证的范围中排除出去。他的目标是"宽泛的对称论题"，即"我们应该设想自然事实和社会事实都是被建构的"（26）：

> 被考察的现象就是事实的**社会**建构，即建构的主体是社会。这种新的、宽泛的对称论题阐明了这种社会建构具体而言是如何被理解

的：社会事实必须被设想为由社会科学家的研究活动建构而成，并且值得一提的是，他们的结果为更大的社会群体所采纳，即将这些结果应用到各种人造事实、技术和程序中去。但是，这些活动本身就是社会现象，由于同样的原因，它们自身必须被认为是由其他社会活动建构的，如此**无限循环**。

(26)

与尼尼鲁托有所删节的陈述不同，科林继续说明了为什么这对于建构主义者而言是一个难题。这就是表面差异产生之处。根据科林的观点，无限回溯论证揭示了"社会事实的一种根本的不确定性，并且自然事实也是如此"(26)：

> 不确定性的来源如下。对于任何推定性社会事实而言，根据建构主义者的假设就可以得出，它作为一个事实的地位是由某些社会活动所引起，正是通过这些活动它才得以建构。在这些活动中，最为重要的是科学研究所组织的活动，它们将被建构的事实作为其主题。我们现在要去寻找这些社会活动。或者我们什么也没有发现，这就会立即造成推定性事实变得不确定，或者我们可以找到一些。在后一种情形下，我们可以重复这个程序，研究那些证明（certifying）事实自身就是被证明的这样的活动。既然社会科学项目的数量必定是有限的，我们迟早会获得一些没有被这样的研究成果所证明的推定性社会事实（即它不是由一些元事实建构而成的）。我们必须断定，这样的未被证明的（uncertified）事实根本上是不确定的，因为使它确定的那些条件缺失了。没有哪个表达这类事实的句子 S 能被断言，同样其矛盾句−S 也不能被断言。从这一点来说，这样的不确定性通过证明其他（推定性）事实的（推定性）事实链条往回传播……最后回到回溯开始的事实上。无论是社会实在还是自然实在，最终都是根本不确定的。

76

(26)

科林承认，那些在科学事实和日常事实之间加以区分的人——用我们的术语来说，就是工具建构主义者——或许可以从这种**还原**中得以免除（尽管他自己还不完全确定）。然而，强建构主义者被认为遭到彻底反驳："社会建构主义者必须做出让步"（44）。

那么，建构主义的难题是什么呢？这是否能推衍出建构性事件的无限性或推衍出一种根本的不确定性呢？这两个指摘均指向同一个东西。科林的论证仅仅是置换了尼尼鲁托的演绎步骤。他的论证可被表述如下：

1. 假设（强）建构主义为真。

2. 那么对于任何事实 F 来说，有另一个事实 F'——F 是被建构的这一事实。

3. 因此，如果任何事情都是一个事实，那么必然有无数多个建构事件。

4. 只可能有有限多的建构事件。

5. 因此，不存在事实（似乎这就是"极端非决定论"所要达到的）。

6. 但是有事实存在着。

7. 因此，强建构主义为假。

显然，当且仅当先前的论证有效时，这个论证才有效。它们从相同的前提——建构主义为真，只可能有有限多的建构事件且有事实存在——中得出了一个相同的结论。唯一的差异在于，第一个论证源于从有事实存在这一前提中得出建构性事件的无限性，而科林的论证源于建构事件的有限得出没有事实存在。我会把我随后的评论指向早先的论证，因为它更直接地让我想到它。

让我从对尼尼鲁托为我们给出的原先基于实验室的版本的批判开始。如果我们字面地去理解尼尼鲁托所说的（到一个不合理的程度），那么在论证中有一个明显的缺陷。尼尼鲁托告诉我们，对于任何事实 F 来说，都有一个实验室 B，事实 F 在这里得以建构，并且因此，这里必须有一个实验室 B'，"F 被建构"这一事实在这里被建构，如此等等。根据尼尼鲁托的观点，这个困境是，建构主义者似乎承诺了"无穷序列的实验室"的存在（151）。在此前已经指出，这个解释的缺点之一就是，即使是强建构主义者中持最强观点的人也不会声称，每一个事实都是在实验室中被建构的。但是先把这个问题放一边。即使我们假设建构主义者承诺了所有事实基于实验室的建构，尼尼鲁托的论证仍然行不通。假设（1）每一个事实都是在一个实验室里被建构的，和（2）有无限多的事实不足以推出一定存在无限多的实验室这一结论。一定有无穷序列的实验室 B，B'，B" 等，对应于建构事实的无限，这一点是真的。但是前提并不要求所有这些实验室 B，B'，B" 等都是**不同的**。根据这一前提告诉我们的道理，事实 F，事实 F 被建构这一事实，事实 F 被建构的事实是被建构的这一事实，如此等等，**直到无穷**，都可以在单个实验室里被建构出来。

当然，这是一个迂腐的异议。问题的根源显然在于**建构性事件**的无限性，它似乎是由建构主义推衍而来。即使单个实验室为从 F 开始的事实的整个无穷序列的建构提供充足的设施，（毫无疑问有限的）实验室的人员仍然没有足够的**时间**来全部建构它们。毫无疑问，尼尼鲁托关于实验室无穷序列的讨论是一种指涉建构无穷序列的松散方式。建构的无限性无法推衍出实验室的无限性，不过这不要紧。建构性事件的无限性其自身如同无限多的实验室的存在一样不可能。后者由于缺乏足够的空间被排除在外；前者则由于时间的限制而不可能。

然而，该论证的修正版本仍然有一些重要的缺陷。它首先与有关实验室的原初论证一样存在同样的漏洞。无限回溯的论证认为，必须存在建构事件的无穷序列；但是它至今还没有表明所有的事件都必须是不同的。我没有主张它们**并不**都是不同的。我只想指出，那些想要用无限回溯论证反驳强建构主义的实在论者需要做比尼尼鲁托或科林更多的工作。事实上，这并不是我亟待解决的问题。我的猜测是，实在论者可以提供**这个**缺失的论证（虽然我认为这将不会很容易）。我提出这个话题，仅作为一个为无限回溯论证引入一个更普遍难题的手段。 *78*

让我们承认，在无穷序列"F"，"F 是被建构的"等等事实中的每一个事实，都不同于其他事实。那么，建构主义者就承诺了这样一个观点——为了构成任意单一的事实，我们需要建构无限多的事实。这个困境应该是这样的，我们无法在提供给我们的有限多时间里完成这一任务。但这一困境的来源基于另一个默会的假设——**无穷序列中每一事实的建构**

填充了一个不同的非零时间间隔。这个假设可能为真；但是它显然不为真。它当然有可能将时间上有限的事件分解成无穷多个不同的部分。这里至少有些关乎芝诺悖论（Zeno's paradoxes）。想必，对那些由芝诺提出的问题的通常回答是，事件的分解并不必然造成对应于事件的实时阶段的部分。在这种情况下，我们如何确认无穷序列"F"，"F 是被建构的"等等并不是一个有限的事件的无穷分解？可能在时间上有限的建构操作具有立即构成无限多事实的效果。

这里有一个类比，能够使这种可能性更为显著。这是一种关于爱利亚学派悖论（Eleatic paradox）的社会版本。假设有两个主体 A 和 B，他们发现自己处在一个"囚徒困境"的情境中。如果他们都实施 x 行动，那么两个人各自都能够获得 10 个优泰尔（utiles）；如果他们都实施 y 行动，那么两个人各自都将**损失** 10 个优泰尔；如果其中一人实施行动 x 而另一个人施行 y，那么第一个人将会损失 100 个优泰尔而第二个人将会获得 100 个优泰尔。在这个游戏中，y 是占主导的行动，并且它造成两个玩家都损失 10 个优泰尔。然而，当被置于这样一个情境时，人们通常会达成一个理解，即每一个玩家都施行非主导的行动 x，使双方都能够获得 10 个优泰尔。这种理解很可能是一个社会约定的原型。但是这样一种理解如何可能呢？玩家 A 将会实施非主导的行动 x 仅当她相信 B 也会实施 x。但是 B 施行 x 仅当他相信 A 会施行 x。此外，A 知道这一切。因此，A 会施行 x，仅当 A 相信 B 相信了 A 会施行 x。但当然，B 相信 A 将会实施 x 仅当 B 相信了 A 相信 B 将会实施 x——如此继续**直到无穷**。A 和 B 之间的社会理解依赖他们各自有一个在先的信念，这反过来又取决于一个仍然在先的信念，如此继续。显然，玩家们必须建立无限多的条件，以使他们的理解到位。然而，因为游戏的时间是有限的，如何才能建立这样的理解呢？再者，答案只能是，无限多的部分按照理解被分解，不需要对应于实时步骤。即使在我们完全知道了理解的部分是如何被放置到位之前，我们也愿意这样说。为了构成任何一个单一事实而必须要被建构的那些无限多的事实，为什么建构主义者不能对此说同样的话呢？这不是一个修辞问题。尽管对此可能会有一个很好的答案；但是实在论者现如今还没有给出来。

　　我不想表明无限回溯的异议是毫无价值的。它指出建构主义者需要解决的一个概念性问题。但是这个异议不像尼尼鲁托和科林认为它所是的那样具有决定性。也许有很多解决它的方法，正如有很多解决形式上非常相似的爱利亚学派悖论的方法一样。

11. 杜衡非对称

接下来三章中的每一章都集中在一个新的反对强建构主义的论证上。本章主要是针对一个具有与特鲁托（见第八章）相同结构的科学实践论证：这里要引述一个实践，它的发生可能会被建构主义者承认，但是却无法被建构主义论题来加以解释。特鲁托主张，对古代数据的科学使用正是这样一种实践。我认为这样的实践不会对建构主义造成任何不可解决的难题。不过还有一个实践，它对于建构主义者来说更加难以进行合理化。

科学史充满了各种插曲，其中之一便是，一个声誉良好的理论产生了没有被经验研究证明的观察性期待。在关于科学的一些陈旧的观点中，已经给我们提供了充分的理由去拒绝建构主义——因为当科学共同体对于 T 的信念导致出现期待 X 时，通过发布非 X 数据，难道世界不是在以其自身独立的声音反对关于 T 的信念吗？现在我们都知道，事情并没有如此简单。举个例子来说，拉卡托斯（I. Lakatos 1978）以及在他之前的杜衡（P. Duhem 1951）已经告诉我们，T 的支持者们往往通过将这样的明显失验归咎于辅助假设中的错误，来使得他们的理论避免因为确实已经失验而受到责难。让我们将此防御性做法称为**杜衡策略**（Duhemian manoeuvre）。杜衡策略的可行性为那种明显失验的建构主义解释打开了大门——至少暂时如此。似乎大家都认为，如果 T 的明显失验之处可能会或可能不会被视为一个实际的失验的话，那么建构主义者主张 T 的命运是由协商确定这一点就没有定论。事实上，有鉴于杜衡策略的永恒可行性，因此至少就可以说，大自然的声音取消了其自身且与 T 的命运**没有**关系。因此看起来，明显失验的现象自身不会对建构主义构成一个非常严重的问题。

为了这个论证，让我们假定大自然的声音与明显不一致的性质没有关

系。然而，这类明显失验其自身是如何发生的呢？承认自然的声音对科学 *81*
决策结果没有产生影响这一点还不足以承认大自然没有**发声**。有人可能会
声称大自然已经发声了，但是科学忽视了她。这不会是强建构主义立场。
强建构主义不仅承诺这样的观点，即明显失验的倾向是一个协商的问题；
他们也将明显失验是否首先出现视为可协商的。但是，如果这样的话，为
什么理论 T 的拥护者会未做任何努力就承认，T 的明显失验**已经**发生了
呢？为什么他们会承担介入杜衡策略的责任呢？这是一个需要解释的科学
实践——在科学论争中，事实就是这样的情况常常会发生，即一方通过杜
衡策略自行承担起拯救有利假说的责任，然而另一方不这样做。让我们将
这一现象称为**杜衡非对称**（Duhemian asymmetry）。

来看一组历史的例子会有助于把这个论题呈现得更加清楚。第一个故
事是劳丹所讨论的：

> 牛顿理论（Newtonian theory）预测到，地球在其轴线上的自转会
> 导致沿着赤道的径向凸起以及两极的收缩——这样，地球的实际形状
> 将会是一个扁球体，而不是（正如从亚里士多德到笛卡尔的自然哲
> 学家所主张的）一个均匀的球体，或者是一个沿着极轴拉长的球体。
> 在 18 世纪早期之前，有了完善的确定地球形状和大小（所有的相关
> 方都同意）的测地技术……当时这两大主要的宇宙进化论的提倡者，
> 笛卡尔主义者和牛顿主义者，将这种测量视为在笛卡尔体系和牛顿体
> 系之间进行选择提供决定性证据。以巨大的代价，巴黎科学院组织了
> 前往秘鲁和拉普兰（Lapland）的一系列精心考察，来收集合适的数
> 据。数据由普遍赞同笛卡尔/卡西尼假说（Cartesian/Cassini hypothe-
> sis）的科学家收集起来。然而，证据表明地球在赤道上的直径明显
> 大于沿着极轴所测出的直径，这就是**他们的**解释，也是其他人的。反
> 过来，这一结果被视为决定性的证据，用来表明牛顿学说比笛卡尔天
> 体力学更胜一筹。

（Laudan 1996：48）

在这种情形下，被击败的笛卡尔主义者甚至都没有尝试去消解这种明显的
不一致情形。他们当场就投降了。这种投降从一个实在论的视角来看并不

神秘：大自然发声了，并且科学也听到了。然而，从一个建构主义的角度来看，笛卡尔主义者的行为必然显得非常奇怪。如果这一切都是协商的问题，那么似乎只要简单承认数据已经与他们的假设不一致，笛卡尔主义者就失去了他们的一个最强有力的筹码。但是对于建构主义者来说，在面对相反证据的时候，这个困境并不取决于这种直接投降。笛卡尔主义者**本可以**不放弃他们的机械性假说，而是采用杜衡策略来解释异常的数据。他们可能会主张，地球的情形比较特殊，其异常形态是直接通过上帝之手造成的。但是，这种替代场景对于建构主义者来说，可能同实际的场景一样问题重重。因为，通过采用杜衡策略，笛卡尔主义者仍然会默认接受，对于地球形状的测量是正确的。再者，这一让步并没有形成讨价还价的意义。

劳丹提出这样的观点，即笛卡尔主义者也可以通过否认明显失验一开始就已经出现，而在一个更低层次上采用了杜衡策略：

> 对于笛卡尔物理学的捍卫者来说，事后为挑战这样的数据而找到某个方法**在逻辑上是可能的**……

（49）

好吧，如果建构主义为真，那么逻辑上可能否认这些数据这一事实将会得到足够多的许可（可能不只是足够！）来做出这样的否认。此外，对建构主义的解释性挑战本可以是相同的，即使笛卡尔主义物理学的捍卫者**曾**试图通过杜衡操作——例如宣称现象已经被误观测或误记录——来推翻相应的数据。因为，这里需要再一次声明，采用这些防御操作是默认这里有一些需要反对的东西。在否认数据就是像所报告的那样，笛卡尔主义者至少本来会承认，被**报告**的数据为他们的物理学制造了一个难题。在这个场景中，他们本来就可以否认他们的理论被驳斥了——他们甚至本来可以否认他们的理论已经被证明明显不成立。但是他们本来可以承认，他们所持有的笛卡尔主义物理学明显没有得到验证这一信念的确是一个明显的失验。这里再次出现，这种让步对于建构主义来说，就像实际已发生的立即投降一样麻烦十足。建构主义的难题在于解释为什么争论中的任一方在**任何层次，永远**都不得不采取一种防御性的立场。为什么不简单地宣称这里没有什么可以反驳的东西呢？

第二个例子是从建构主义者柯林斯和品奇（Collins and Pinch 1993）的讨论中得出来的。作者回顾了著名的爱丁顿探险（Eddington expedition）的研究发现，该发现大致证实了爱因斯坦的广义相对论。爱因斯坦曾预测，星光在经过接近于太阳的地方所发生的位移将会比牛顿理论所预测的数量要大得多。发生在 1918 年的日食给爱丁顿以及他的团队提供了一个测量位移的机会。众所周知，爱丁顿宣布的结果对广义相对论而言是一个胜利。柯林斯和品奇注意到，这一结论还远不足以在数据的基础上进行判定。一些照相底片确实产生了大致符合爱因斯坦预测的测量位移。但是也 *83* 有一些照相底片产生了符合牛顿理论预测的测量位移。然而，"在 1919 年 11 月 6 日，皇家天文学家宣布，观测已经证实了爱因斯坦的理论"（Collins and Pinch 1993：50）。从牛顿的底片中获得的数据被解释为"系统误差"的结果，尽管爱丁顿无法提供任何具有说服力的证据，来证明这就是事实。

在面对明显导致失验的数据时，相比笛卡尔主义者的投降，爱因斯坦主义者则宣告了**胜利**。柯林斯和品奇向我们讲了这个故事，因为他们认为这将使我们趋向一个建构主义立场，而远离对科学历史的实在论解读。

> 我们没有理由认为相对论就是真理——并且它是一个极其美丽、充满愉悦又令人惊诧的真理——但它作为真理，是因为决定而得来的，这些决定是关于我们应该如何过我们的科学生活，以及我们应该如何许可我们的科学观察等等；这是一个通过一致赞同新事物而被提出的真理。它不是通过一组关键性实验的必然逻辑而强加给我们的一个真理。

（Collins and Pinch 1993：54）

当然，爱丁顿的杜衡策略从一个建构主义者的视角来看不足为奇。至少从"牛顿主义者"的底片中所**给出的**明显导致失验的数据的存在这一点上，是不足为奇的。但是这些数据从何而来呢？谁会就牛顿主义者的数据来进行协商，以及他们为什么要协商呢？再者，采用杜衡策略这样的需求在建构主义的范式上还没有现成的解释。

建构主义者关于杜衡非对称能说些什么呢？好吧，他们可以在工具建构主义，或者其他一些比强建构主义所关于一切事实都是被建构的这一假设更弱的论题那里寻求庇护。他们可能会宣称，科学假说对日常事实有一定的影响，并且有些日常事实是独立的。即使是最神秘的量子力学假说最终也会提出相应的预期——一些中等大小的事物将会有一些普通属性，例如，在一个特定表盘上的指针将会向右摆动。如果是这样，那么关于我们日常事实期待的明显失验可能由自然给予我们。简言之，杜衡非对称对于较弱的建构主义没有造成什么难题。然而，按照第九章中的讨论，这是一个无聊的结论。我们不再讨论建构主义的较弱版本了。

84　　　如果你是一个强建构主义者，那么你就不得不承认，不存在一个理论是否已被驳斥这一问题的独立事实。如果一个被支持的理论是明显没有得到证实，那么一个人总可以通过杜衡策略来保护这个理论。但是对于建构主义者来说，也不存在一个**明显的**失验是否已经发生这一问题的独立事实。一个理论应该沦落到这样艰难的时刻以至于它需要反驳一个明显的失验，至少表面上看，这样讲是毫无理由的。这一理论的支持者反而可以否认明显的失验已经发生了。他们可以在一个较低层次上通过杜衡策略来解释明显出现了一个**明显的**失验。在这一层次上，相应的主张就是构成该理论的明显失验的推定性数据根本就不是数据——事件被误记录，或记录被误读，等等。此外，在这一较低层次上，同样也不存在有关这个问题的独立事实。一个记录被（或没有被）误读这一主张反过来则有可能是协商的结果。如此等等。对于强建构主义者来说，能够被协商的证据性主张的序列没有终点。

　　　这里有一个更精确的关于成问题的场景的描述。假定 X0 是一个关于自然世界的有争议的主张（经验的或理论的，这并没有什么区别），并且对于所有的 i>0，假定 Xi 主张存在一个显然证实了 X(i-1) 的事实。现在，假设两个科学家 A 和 B 对 X2——主张 "X1 是明显被证实了" 没有达成一致。那么，他们将会开始对 X2 的真值进行协商。如果赞成者一方赢了——如果通过协商得出 X2 为真——那么，X0 的反对者仍有两个额外的机会去避免不受欢迎的结论——X0 的确已被证实。被迫接受 X1 是明显得到证实的同时，他们可以通过协商来确立 X1 得以明显证实不是一个实际的证实——X0 并没有真正地被明显证实。并且，如果他们的这一努力失败了，他们可以尝试去针对下述结果进行协商，即当 X0 真正明显被证实时，它没有被真正证实。通常情况下，**协商开始的序列层级越高，则当一方承认被打败前，需要经历的协商也就越多。**

现在，假设协商从 Xn 开始。这意味着 X0 的反对者承认 X(n+1) 为真（等同于 X0 被明显证实），并且他们在承受着这里的杜衡负担——Xn 的明显证实不是真正的证实［等同于 X(n-1) 没有被明显证实］。他们进行了 n 次攻击，然后他们出局了。但是如果他们拒绝承认 X(n+1) ——如果他们在第（n+1）次层级上开始协商——在出局前，他们将会有（n+1）次攻击。因此，对于他们来说，从（n+1）次层级而不从 n 次层级开始进行协商更为合理。但是这对于任何 n 来说都为真。因此，这里所呈现的过程不等于承认在**任何**层级上都存在难题。如果你想要得出 X0 为假，那么你总应该始终否认它已被明显证实了，以及有明显的证据证明它已被明显证实这一观点。如此等等。总而言之，你的观点应该是这样的，即这里根本没有问题。但是如果这里不存在什么难题，那么为什么有人要承受杜衡负担呢？ *85*

强建构主义者所表现出的大致回应思路很清晰。承受杜衡负担使赢得本轮协商的任务变得更加困难。但是对于强建构主义者来说，在科学的游戏中，协商就是一切。因此，我们在一些协商过程中需要承受杜衡负担的唯一原因是，这样的责任通过以下事实得以补偿，即它将会促进**其他**我们也参与的或我们预料我们可能会参与的协商。就我所知，现在的情况是，沿着这些思路进行的分析可能会奏效。但是，我确定这里同样也存在着不会奏效的情形。当对某个推定性事实的必要否认与已经协商好的事实所组成的一个巨大网络不一致时，它可能会奏效。例如，假设它声称，X 显然证实了 T，并且也假设 X 的否认蕴含着地球是平的。如果强建构主义为真，那么地球的球体只是另一个经过协商的建构。但这并不必然地意味着它很容易被排除出去。排除它的话要求我们重新协商大量的、一系列已被协商的事实，这些事实是关于我们生活于其中的宇宙的本质。如果你的主要兴趣在于传播 T，那么倘若你同时接受 X 以及地球是球体这一事实，并通过杜衡策略以避免得出 X 真正地证实了 T 这一结论，你就很有可能获得一个更易于协商的任务。根据拉图尔和伍尔加的观点，每一个科学假说都处于一个支持性和冲突性假说的"竞争场域"中，并且假说描述（它只不过是协商其对应性假说所显示出来的困难）的实在是由它在这个场域中的位置所构成的。前面已经提出的杜衡非对称对此的解释就是，一旦直接否定成问题的陈述，由于该陈述在竞争场域中的强立场而变得不可协商时，它就成了救命稻草。

　　就目前的情况而论，我认为这一解释奏效了（更确切地说，如果强建构主义没有为接下来的两章中所要讨论的概念问题所困扰的话，我认为它就会奏效）。事实上，我想保护它免受一个潜在的实在论者异议的麻烦。实际上，建构主义者的主张是，杜衡非对称可以通过论题的不同位置以及在竞争场域中的矛盾来解释。但是，实在论者可能会反对，如果你是一个强建构主义者，那么就不存在关于特定假说处于竞争场域中的独立事实。在那种情况下，为什么会有人承认，他们支持的立场在该领域中处于弱势位置呢？这样的一种让步是否只是杜衡非对称本身的一个变体呢？的确如此——但我只是承认存在着杜衡非对称的可说明的情形。针对为什么会有人还会同意他们所支持的立场在该场域中处于弱势位置，建构主义者的回答是，有时候确实就是这样，即这一论题在该竞争场域中处于弱势位置已经被协商了。而且如果被问及为什么有人会同意这一事实确实已被协商了，那么答案可能是，"这一事实已被协商了"已协商过了。当然，这些是由尼尼鲁托和科林提出的无限序列的前两个步骤。跨越无限序列是时间上无限的任务，如果尼尼鲁托和科林在这一点上的假定没错的话，那么强建构主义就是不融贯的，并且对我正在提出的这一论证而言毫无必要。但我的观点是，尼尼鲁托—科林的论证尚无定论（见第十章）。如果这个没问题的话，那么还没有表明人们在有限的时间内无法达成无限多经过协商所达成的共识。如果人们**可以**协商无限多的事实，那么就没有理由说人们不该就竞争场域的结构达成共识。此外，如果每个人都同意竞争场域的结构，那么科学争论的一方有时候要承受杜衡负担也就不足为奇。没有什么东西需要反驳，一旦这个假设在竞争场域中处于弱势地位，他们确实就会这样做。

　　我承认，这些情形并没有对强建构主义造成新的难题。但也有其他一些不容易接受这类解释的场景。有时候，不同科学家相矛盾的假说在该领域中处于**等势的**位置，并且一方还承受了杜衡负担。假设两个同样好的理论中有一个提出未经检验的预测 X，另一个则是预测非 X，并且 X 和非 X 在竞争上是等势的——X 的协商既不比非 X 的协商更困难，也不比非 X 的协商更简单。大致说来，实验就是这样。我主张，几乎在每一种情形中，当做了这一实验以后，一方或另一方要么立即投降并放弃他们的理论，要么（更为常见地）采取防御性的姿态且开始借杜衡策略以挽救他们的理论假说。劳丹关于地球形状的笛卡尔理论与牛顿理论的预测这个例子便是一个恰当的案例。在科学院（the Académie des Sciences）进行测量之前，这两个理论及其产生的关于地球的假说或多或少地是在竞争上处于等势的。在测量之后，笛卡尔主义者承认了失败。这种非对称的情形不能由竞争者之间在竞争上不等势来解释。

人们易于受到诱惑来假设笛卡尔主义者（以及我们第二个例子中的爱因斯坦主义者）在没有顺着路线为他们自己提出更深难题的情况下，有可能不会否认那些麻烦十足的测试的有效性。让我们将这个例子从外在的历史细节中解放出来加以考虑。假定科学家 A 的假说是一根指针（在某特定条件下）向左摆动，而 B 的竞争等势的假说是指针向右摆动。然后，在实验完成后，他们中的一方或另一方是否会否认这些经过连续协商的，有关光学、心理学、知觉的神经生理学、仪器的物理结构等等的一系列事实呢？答案是：如果他们不是竞争等势的，那么强建构主义为真。他 *87* 们中的某个人会比另外一些人陷入更多麻烦，这一怀疑是由一个秘密的实在论假设所造成的，这个假设指的是存在着有关他们所观察到的东西的独立事实——他们都会**看到**指针会摆向一边或另一边，并且 A 和 B 中的任一方均会否认他们的感官证言。但是，当然，如果强建构主义为真，那么 A 是否看到指针向左摆动或向右摆动也都是协商的产物。并且正如假设的那样，A 和 B 在实验之前在竞争上是等势的这一点如果为真，那么实验结果的任何一个解释都会和其他解释一样是可协商的。假设双方都打算对其情形进行一次更艰难的协商，也就相当于假设在竞争场域之外有什么东西影响了协商结果的困难程度。可以说，那就是承认实在论者的胜利。

因此，强建构主义者的困境只剩下：竞争性考量在竞争假说处于等势竞争的情形中，无助于对杜衡非对称做出解释。当一个科学家在这一点上获胜的前景与其竞争者一样时，还有什么可能促使他去承受杜衡负担呢？那些侵入我们协商的独立事实的存在提供了一个现成的解释。如果不是实在论，那么又是什么呢？我认为，强建构主义者只剩下三张小牌可以打了，并且它们看起来都没有什么前途。第一张牌是通过一些协商者的愚笨来解释杜衡非对称。这一绝望的做法不会起什么作用，因为它不能够解释科学对手之间的协调。在做出关键观察之后，不可避免出现的情况就是，一方的支持者要么投降，要么承担杜衡负担，而另一方的支持者不会这样做。如果杜衡非对称是由人员的智力不足造成的，那么双方都将宣称获胜，或双方都自发地开始采取防御作战的情况会频繁发生。（没有理由认为，更好的谈判者会有组织地支持两个具有竞争等势的假说中的任何一个。）但是科学的对手总是能够发现某个层次的现象，他们由此会就谁需要继续去防御达成一致意见。

第二招是否认杜衡非对称是一个需要解释的事实。毕竟，这不像是杜衡非对称本身就是强加到建构主义者身上的独立事实。它也是一个协商而成的结果。这一情境表面上看与获得科学成功论证的情况类似（见第七章）。在后一个论证中，实在论者声称科学的成功不能由建构主义来解释。建构主义者回答说科学的成功其自身是被建构的，并且没有造成解释性难题。在杜衡论证中，我主张建构主义者无法解释杜衡非对称。在这里，建构主义者能不能回答说所讨论的现象单纯是被建构的呢？是的，他们可以这样回答。事实上，要保持一致的话，这是他们**必须**要说的。但是在两个论证中，对于这一回答的结果有一个重要的区别。驱动科学成功论证的东西正是这样的怀疑——如果一切都是被建构的，那么就没有办法来解释科学的成功。这一怀疑是通过意识到它是建立在科学成功是独立事实这一默认假设而得以消除的。在我们想起科学成功自身就是被建构的时候（如果强建构主义为真），那么它需要一个实在论解释就没什么神秘的了。我们可以很容易就想到，利益和优势的某一特定融合如何可能会导致这样一个协商的结果。科学的成功是被建构的这一主张**削弱**了实在论者对于一个解释的需要。只有**独立的**科学成功才需要一个实在论解释。

然而，根据什么东西都是被建构这一假设，并不是所有的事物都不再神秘。假设这个世界上每一个人都突然赞同以下观点，也就是有一个事件发生了，它违背了全人类所普遍持有、深信不疑的所有观点。这样一个事件从强建构主义者的视角看将会是极为神秘的。可以肯定的是，强建构主义者会说，这个事件发生了这一事实其自身是被建构的。但是那根本不会减少神秘。如果要确定这样一个事件已经发生了，那么事实是被发现的这一假说将比它是被发明的这一假说更具解释性——因为谁会发明这样一个事实，以及为什么会发明事实呢？同样地，杜衡非对称是被建构的这一假说不能解释为什么杜衡非对称是一个事实。如果强建构主义为真，那么杜衡非对称发生了这一推定性事实在竞争场域中处于极低的位置。来想一下杜衡非对称发生所需要的协调：争论的一方不可避免地发起防御策略，而且另一方不会这样做。双方都开始防御或者双方均不防御，这样的情况永远不会发生。这一协调如何完成呢？在大自然发声这一实在论假设中，没有什么神秘的。但是，如果大自然在进程中不起什么作用，那么应该是这一方而不是另外一方开始防御，这样的一个共同决定是如何做出的呢？从我们关于宇宙中事物是如何运作的观点来看，出现这样的情形在规则上是不可能的。可以肯定的是，宇宙中事物是如何运作的这一观点，就像杜衡非对称本身一样，是一个被建构的事实。但是，在这些被建构的事实中，第一个事实和第二个事实是**对立的**。鉴于我们已经协商了我们具有的宇宙观，杜衡非对称的不相融事实如何设法使自己也得以被协商这一点，没有得到解释。此外，对于杜衡非对称，还有一种完全充分的实在论解释：争论双方受到从一个独立领域产生的一个信号的影响。这个解释性的优势就是实在论的理由。

　　建构主义者是否必须把解释性的善视为需要，以便对世界做出解释 *89*呢？如在第十四章中对最佳解释的推论那样，我将会考察建构主义者对于**先验**原则的态度。但是这里有一个即使是建构主义者也不得不承认其说服力的初步回答：非解释性的世界系统没有市场。**不**对数据做出解释的理论可以随意产生。在一堆理论上再多增加一个理论也算不上什么成就。

　　最后，建构主义者可能会利用他们在第八章中做出的观察，即建构主义论题在逻辑上并不局限于共识效应。在真实的实践中，建构主义者只集中在逻辑上可能的建构主义蕴含的子集。所有这些在多数获胜（the majority wins）的论题中都进行了阐述。也许需要绝大多数，或专家的大多数。在任何情况下，很显然，所有现存的建构主义都承诺了这样一种观点，即如果**每个人都**同意 X，那么 X 就是一个事实。在第八章中，我指出，并不是所有的社会建构都是这种共识类型。甚至有些事实是反共识的：如果每个人都否认它们，那么它们便为真。因此，如果有人认为自然事实是由非共识的社会过程所建构的，这一立场还是有其逻辑空间的。甚至一个启示的末日幻景——没有人想要或者期待但是每个人都会接受，至少**在表面上**，它与这种非共识的建构主义相融。杜衡非对称可能只是更易于迁就而已。假设推定性事实 X 和非 X 在**共识**过程中是等势的——让人同意 X 比让人否认 X 既没有更为困难，也没有更为简单。那么，一个仅仅假定共识过程的建构主义将无法解释这样一个事实——一方自发地采取防御姿态。但是非对称可以通过假定适当的非共识过程来解释。有一个思路就可以起到这样的作用：同意 X 构成了 X，并且同意非 X 也构成了 X。如果这是关于 X 的事实如何被建构的话，那么在 X 的支持者和反对者之间发生的争论已经足以建构 X——为了确保支持者的胜利。在这些情形中，任何意味着非 X 的论题 T 的反对者不得不通过杜衡策略来承受保护 T 免受明显不一致的负担。这是一种杜衡非对称可能从一个在社会意义上被建构的世界中产生出来的方式。

可能会有人反对，我的建构样本原则（sample principle of construction）与 X 是一个独立事实这一假说没有什么区别，并且根据这一原则，无论对 X 是承认还是否定都构成了 X。我同意做出这一区分并不容易，但是说不可能做出这一区分还为时过早。可能这一事实——如果没有人对此有任何意见，那么 X 不为真——会使我们倾向于一个建构主义观点。更具说服力的是，尽管可以表明有明确的社会建构事实，但其建构原则不过是我用来解释杜衡非对称的那一条。这里就有一条：每个人都同意某个个体 P 是广为人知的这一观点，它构成了 P 之广为人知，并且每个人都同意某个个体 P **并不是**广为人知的这一观点，它构成了 P 之广为人知。此外，P 的名声会由这两种观点任意混合构成。然而，如果有什么东西是在社会意义上被建构的属性，那么名声就在此列：如果根本没有人考虑过她，那么 P 就不会是有名气的。只有通过人们对她加以考虑，她才可能变得有名气。

　　这难道不是意味着强建构主义从反驳中获救了吗？好吧，这是值得探究的一种救助途径。但至今还没有人探索过它。通过指出其在逻辑上的可能性，即可能存在会导致杜衡非对称的建构性过程，杜衡论证并没有被简单予以化解。一旦非共识的过程发挥作用，就有可能为**任何**推定性事实的体系结构设计一个**事后的**建构主义解释。但关于世界的数不尽的无趣假设同样也是如此，例如，每一事物根据上帝的意志而发生，人生不过是一场梦，而且我们只是缸中之脑，等等。如果要对建构主义有说服力的吸引力进行评测的话，你们所需要就是在各种建构原则下起作用的条件先行加以说明。（同类型的修复工作可以产生被引述的任何其他宇宙论的有趣版本——如果一个人能够给出上帝认知过程的一个在先解释，并且在这些过程中有某些意向跟随，而另一些意向不跟随时，那么每一事物根据上帝的意志而发生这一观点就异常关键了。）没有这样的一个在先说明，建构主义者的论述就没有什么解释性。需要承认的是，强建构主义可能某一天会被一个非共识过程理论从杜衡异议中得到解救。不过，既然没有哪个融贯的假设会如此不足为信，以至于无法想象复苏的希望，那么这也就算不上承认了什么。

12. 两个社会的难题

　　假设社会 S1 建构了一个世界，这个世界中的行星和恒星都是巨大的球体，并且位于我们不可想象的距离之外；同时，S2 也建构了一个世界，那个世界中的天体是一些非物质性的光，由一个热心的神为给予我们方便而直接置于天空中。因此，如果建构主义者的观点是正确的，那么会有一个命题 X，根据某些事实已经被 S1 建构，由此 X 为真；同时，根据某些事实已经被 S2 建构，由此非 X 为真。这是构建主义面临的重大难题吗？

　　我的场景表面上与巴恩斯和布鲁尔（Barnes and Bloor 1982）的两个部落的经典例证相似，两个部落之间的人以自己的标准将对方的信念判为异类（见第二章）。巴恩斯和布鲁尔并不认为这种事态对他们的理论会造成任何难题。事实上，他们之所以提出这种观点，是因为他们认为这一考虑可以使读者倾向于他们的观点。但这里所讨论的观点却并非（形而上学的）建构主义。它只不过是认识相对主义。在巴恩斯和布鲁尔的场景中，这两个部落并没有建构不相容的事实——他们仅仅采纳了不相容的信念。巴恩斯和布鲁尔的建议，我们要将每一个这样的信念描述为对于各部落的"方法与假设"而言是相对可靠的，这个问题将在第十五章中进行评估。无论评估的结果如何，很明显，信念系统相互冲突的社会的存在并不会为认识相对主义制造什么难题。相信 X 对于 S1 的方法与假设而言是相对可靠的，同时，相信非 X 对于 S2 的方法与假设而言也是相对可靠的，这两种说法并不冲突。但（形而上学的）建构主义不仅仅是一种认识方面的话题。拉图尔、伍尔加、柯林斯、品奇、诺尔-塞蒂娜、阿什莫、皮克林等人，不会把涉及科学假设的社会协商，当作仅仅为某些信念提供认识上的辩护。**协商可能会将假设（或对该假设的否定）转化为事**

实。但是两个社会的难题需要给出回应。我们不能简单地说，对 S1 的协商将 X 转化为事实，同时对 S2 的协商可以将非 X 转化为事实；并且又留下这样一个难题，X 和非 X 怎么会同时成为事实呢？

这一困境如此浅显，人们自然能够预期，在最早期的关于建构主义的几轮争论中就可以将它解决。然而我所熟知的唯一与之相关的讨论是发生在纳尔逊·古德曼（Nelson Goodman 1978）的《构造世界的多种方式》（*Ways of Worldmaking*）中，下面将讨论古德曼的观点。正如他这本著作的标题所表明，古德曼提出了一个明确的建构主义论题。然而，他的哲学谱系与那些科学社会学家的哲学谱系十分不同，后者的哲学主张构成了我分析的主要目标。据我所知，在受到社会学启发的建构主义文献中，依然没有论及两个社会的难题。

对两个社会的困境进行分析取决于建构主义能否与**本体论**相对主义相结合。拉图尔和伍尔加（Latour and Woolgar 1986：180）试图去证明建构主义无须与任何相对主义相结合。显然，他们所得出的结论便是，事实是建构的结果，但事实一旦被建构，对每个人而言，事实就是实在，或者拥有"外在性"。这种观点直接导致一种困境，即 X 和非 X 如何同时对每个人而言都是实在呢？既然拉图尔和伍尔加并未解决这个难题，那么我们必须自己想出在为本体论意义上的绝对建构主义做辩护时能够说什么。此外，古德曼还详尽地着手处理两个社会的难题。他的推理如下：如果 S1 建构了一个世界，在这个世界中的恒星巨大又遥远，同时，S2 也构建了一个世界，那个世界中的恒星渺小又邻近，那么 S1 和 S2 就必须存在于不同的世界里。这就是我称为本体论相对主义的论题——它的观点是，如果它们是关于不同世界的事实，那么不相容的事实可能都为真。我们首先来看看拉图尔和伍尔加的绝对建构主义，然后转入古德曼的相对主义解决方案。

是否存在一种脱离（本体论）相对主义的建构主义呢？鉴于两个社会的场景，只有一种可以在不诉诸相对主义的情况下来避免产生矛盾的方法：否认这种情形可能会发生。这必然表明，对所有的 X、S1 和 S2 而言，S1 对 X 的建构排除了 S2 对非 X 的建构。策略之一就是否认任一假设是可被建构的。如果一些假设是不可建构的这一点为真，那么建构主义者可能会通过声称 X 或非 X 无法被构建来调和两个社会困境的推定性例证。**强建构主义者**所面临的问题是，做出这一举动就等于承认存在关于世界的独立事实。假设 X 无法被建构，这依然不能排除 X 为真的可能性。科学实在论者认为电子无法被建构，但这并不排除他们相信电子存在。现在，每一个事实要么是一个被建构的事实，要么是一个独立的事实——建构主义者和实在论者都同意，被建构事实和独立事实是解释世界真实性的仅有两条路径。因此，如果 X 无法被建构且 X 为真，那么 X 就必须是一个独立的事实——在这种情况下，强建构主义为假。因此，X 无法被建构的这一假设迫使建构主义者承认 X 为假。不过这相当于说非 X 是一个事实。在这种情况下，我们现在或许能或许不能一致地宣称非 X 是可建构的。但是，即使非 X 是可建构的这一点说得通，也不可能让任何人有机会去完成这种建构。因为，非 X 为真是从 X 无法被建构且 X 不是一个独立事实的假设中推断而来。无论你如何划分，一些假说无法被建构的这一假设导致存在独立事实的结论。

对建构主义而言，这种情况甚至比上述论证所表明的更加令人绝望。为了避免由这一路径所导致的争议，建构主义者不得不更进一步声称一些事实无法被建构。除非他们坚称，对于**每一个**命题 X，要么 X 是无法被建构的，要么非 X 是无法被建构的，否则将必然导致这样的矛盾。但正如我们前面所见，如果 X 无法被建构，那么 X 或非 X 就是一个独立事实。显然，这种避免争议的方式不仅要求我们假定独立事实的存在，而且还假定**所有的**事实都是独立的。所以，不仅是强建构主义者无法利用这一策略，而且诉诸无法被建构的事实这一途径，对**各**类型建构主义者而言都无法解决两个社会的难题所造成的困境。

解决两个社会的难题的另一种策略是承认任何假设都是可建构的，并且声称建构的原则使建构 X 的条件和建构非 X 的条件永远不能同时得到满足。涉及建构规则已经构成了一个关于世界的独立事实的这一事实，它掩盖了强建构主义的论题吗？我无法确定。**乍一看**，建构主义者似乎有可能通过声称建构的规则在**逻辑**上为真，并且建构主义者的论题仅适用关于世界的偶然命题，从而来保护自己免受这一指控。无论如何，这都不是一个我有能力把它说清楚的异议。但即便没有这种指控，建构主义者依然面

93

临诸多难题。对于任何特定的 X，无论 X 的建构是否排除了非 X 的建构，这都取决于建构的规则是什么。如果这个世界单纯地由少数服从多数的规则（拥有最多支持者的主张获胜）所建构，那么两个社会的难题根本不会产生。人数越是众多的社会此规则越是能赢得拥护。（我们可能也需要假定一个规则来克服势均力敌的可能性。）但没有任何一个建构主义者支持这样一种规则。事实上，我从未听说过建构的过程可以让我们得出这一结论，即对于任何 X 而言，X 的建构排除了非 X 的建构。例如，对拉图尔和伍尔加来说，一个假说通过在**竞争场域**中上升到具有强有力的位置而被建构。让我们先来看看他们对竞争场域的描述：

> 一个竞争场域在许多方面都类似于其他的政治竞争场域。有很多 　**94**
> 转换陈述类型的论文已经发表了。然而已经构成该领域的许多位置立
> 场影响了一个给定论证是否产生作用的可能性。一个操作能否成功取
> 决于在该领域中的人数、突破性的创新点、作者的身份及其所属机
> 构、奖金以及论文的风格。

$$(237)$$

以上刻画中没有什么可以排除存在**两个**竞争场域的可能性（就如同可以有多个"政治竞争场域"存在），使得本部门职员的人事分配对其他部门而言要么有一点影响，要么毫无影响，并且使得 X 在某领域中占据一个强有力的位置以及非 X 在其他领域也占据一个强有力的位置。事实上，存在该类冲突领域的情况是肯定的。把行星和恒星是巨大且遥远的这一天文学假说在科学共同体的竞争场域中所处的位置，与它在激进主义者的竞争场域中所处的位置进行比较。拉图尔和伍尔加对建构原则的解释，以及他们对相对主义的否定，不可避免地导致了矛盾。

当然，反驳拉图尔和伍尔加的理论仍然无法驳倒非相对主义建构论本身。可能存在其他类型的建构主义，其建构规则不允许 X 和非 X 同时被建构。然而，任何拥有该属性的建构规则都将显示其他某些特征，对于这些特征即使一个建构主义者也可能会回避。考虑到这种简单的少数服从多数的规则：由最大多数人所接受的规则获得胜利。这种规则的确可使建构主义者避免两个社会困境的争议。但它也会产生一个结果，即对于在竞争

场域中与参与者毫无联系的个体而言，一个社会性建构的实在具有"外在性"的属性。被建构的实在影响了那些在**协商**中毫无作用的人，这一事实并不构成一个难题（我这里不打算回忆曾经被人请教过的英语语法）。但奇怪的是，社会建构的实在影响**那些从未听说过协商结果的社会共同体**。如果大多数的规则能以一种消解两个社会的难题的方式来被理解，那么就必须承认，**我们的**实在可能是由我们一无所知的银河共识所构成的。

建构主义者可能会说：少数服从多数的规则极其糟糕。但银河阴谋只是折磨着任何避免两个社会的难题的建构规则这一困境的一个方面。假设建构规则排除 X 和非 X 同时被建构的可能性，那么此规则可能允许也可能不允许一个社会的建构对另一个没有相互作用的社会具有约束力。如若允许，那么我们就会得到一个上文已做过描述的银河难题。如若不允许，就会出现下述情形，**除非所有现有的社会都处于相互作用的状态，否则不能建构任何东西**。因为如果建构是实在的（并且如果相对主义可避免），那么每个人都客观存在着。对火星人而言，承认电子并非一个客观存在就如同承认要么电子是非实在的，要么其实在是相对的。但是，任何星外共同体的存在都会使我们自己狭隘的竞争活动无力去建构实在。此外，这样的一种共同体很可能早已存在，且蕴含着我们目前不能**了解**我们的建构是不是实在的。事实上，我们将永远不知道这一点。因为即便我们发现了一个星外共同体，且将我们的竞争场域与它的场域融合在一起，也依然可能存在着其他未被发现的星外共同体，正是因为未参与到我们的竞争场域之中才导致抵消了新的、延展的场域的实在产出效应。

这是否意味着没有人能够建构事实呢？绝不是这样。还存在一个特殊情形，即银河阴谋论的结论被全盘接受。我们无须付出任何代价就可以承认，在银河系的另一边存在着一个社会，它建构了对我们有约束力的事实，只要被建构的事实是**关于它们自己的社会即可**。更普遍地说，我们不会陷入这样的假设——每个社会都只能建构关于自己的事实：S1 仅可以建构关于 S1 的事实，且 S2 仅能建构关于 S2 的事实。（可以肯定的是，S1 或许可以建构一个事实，即 S2 具有一定的属性是**根据** S1 来建构的——而这依然是关于 S1 的事实。它不能建构 S2 的确具有这些属性这一事实。）

我们称此假说为**合理的建构主义**。

　　也可能存在其他的建构主义论题，它们认为银河阴谋论的结论是可接受的，虽然我对此一无所知。尽管如此，关于要建构的物理世界的科学事实的一般运行是**不可接受的**。为了避免一个社会为宇宙建构一组基本粒子以及另一个社会建构一组不相容的基本粒子所产生的矛盾，我们必须说，一个社会的建构排除了所有其他社会的建构。但是，必须假设这种建构的物理实在是强加于所有其他社会的，不论它们是否与建构社会有所联系。我们建构的夸克强加于银河系另一边的毫不知情的居民身上，反之亦然。因此，银河阴谋论不仅对强建构主义产生影响，而且也对非常弱的科学建构主义立场产生影响。也就是说，这种假说认为只有科学事实才是被建构的，但它对可能存在的未经建构的某类"日常"事实却有所保留。

　　值得强调的是，两个社会的论证是唯一反对现有的不太强的建构主义的论证，这与反对建构经验论的一种同源论证不相匹配。建构经验论者，就像社会建构主义者一样，声称一些科学假说是"被建构的"。但是，建构经验论者并不将此种建构视为一种构成假说为真的过程。这就是为什么 *96* 他们并未陷入两个社会场景的麻烦之中。当他们说 S1 建构 X，且 S2 建构非 X，其意思是表明在某种意义上，X 和非 X 并非都为真。相反，范弗拉森非常清楚地表明，S1 或 S2 将建构一个错误的假说。S1 和 S2 两者可能从来就不知道谁犯下这个错误。

　　简而言之，这表明如果科学建构主义者想避免相对主义，那么他们必须承认我们的科学事实可能是由我们一无所知的银河共识所建构的，或者我们永远不知道我们自己的建构是不是真实的。很明显，拉图尔、诺尔-塞蒂娜和其他社会建构主义者不能忍受这个困境的第二个方面。我怀疑他们更乐于接受第一个。但谁知道呢？或许它会极大地有助于建构主义立场去确认，被建构的实在对那些在竞争领域中完全孤立于参与者之外的人而言是否客观存在。除非我听到不一样的东西，否则我仍将假设银河阴谋论迫使科学建构主义者（**更不用说**强建构主义者）向相对主义寻求哲学援助。

　　这也将我们的目光转至纳尔逊·古德曼（Goodman 1978）。古德曼可能同意拉图尔这一点，即我们建构了我们所生活的世界。然而，与拉图尔不同，他明确地采纳了一种本体论形式的相对主义：不同的人或种群可能——且经常如此——建构且栖息于不同的世界中。这一举动似乎把两个社会的难题消灭于萌芽状态。如果社会 S1 建构了 X，且社会 S2 建构了非 X，那么 S1 和 S2 仅仅存在于不同的世界中。S1 生活在一个 X 为真的世界里，且 S2 生活在一个 X 非真的世界里。正如古德曼所说，"隔离避免争议"（Goodman 1996b：152）。银河阴谋的难题也可以通过这种方式而得以避免。可以承认的是，外星人可能建构一个我们一无所知的实在，而这种实在可能仅仅是**他们的**实在。古德曼的本体论相对主义在没有造成银河阴谋困境的情况下避免了两个社会的难题，这一事实是一个有利于他的强力论证。如果你打算成为一个强建构主义者或一个科学建构主义者，那么古德曼的方式似乎为避免与灾难会合提供了唯一的希望。

古德曼花费了大量的精力去尝试说服我们成为本体论相对主义者。然而，考虑到他的哲学目的，这其实真的没有必要。因为他不想宣扬相对主义本身。他正在兜售一系列本体论相对主义**和**建构主义。事实上，他正在兜售本体论相对主义和**强**建构主义。现在，建立本体论相对主义的真理也依然不能给予他强建构主义或甚至科学建构主义（的真理）——因为这有可能主张存在许多具有相冲突属性的世界，但所有的这些世界又都相互独立。也许这就是造物主安排事情的方式。因此，即使古德曼为他的本体论相对主义找到了一个好的例证，他仍然需要为他的建构主义提供一个额外的论证。然而，在早先所讨论的拉图尔的观点中，我们看到强建构主义

97 或科学建构主义在没有本体论相对主义时是站不住脚的。这也就是说，科学建构主义蕴含本体论相对主义。因此，古德曼的哲学的成败并不依赖于他是否能为其相对主义提供一个好的论证。如果他能为相对主义提供一个好的论证，但不能为建构主义提供一个好的论证，那么他仍然是失败的；如果他不能为相对主义提供一个特殊论证，但却能为建构主义提供特殊论证，那么他就是成功的，因为本体论相对主义无须付出代价。

当然，这个故事也存在另一面：如果建构主义蕴含本体论相对主义，那么相对主义的**驳斥**将通过否定后件来消除建构主义。因此，虽然古德曼不**需要**对相对主义有独立的论证这一点为真，但这样的论证将为他提供一种针对他的相对主义立场进行间接攻击的保护措施。在缺乏支持相对主义

的好论证的情况下，呈现一个好的**反对**相对主义的论证就会导致古德曼在哲学上的失败。但是如果他的相对主义**有**一个好论证，那么反对相对主义的好论证只会产生以下困境，既没有人输，也没有人赢。

相对主义立场的受保护程度如何？据我判断，古德曼在支持本体论相对主义的基础上提出了两个主要论证。第一个论证就是，存在相互冲突的真理，且它们无法在单个世界中相互容纳：

> 一些真理相互矛盾。地球静止，绕日而转，旋转的同时，路线各异。停转之后，一切沉寂。

（1996b：151）

单一世界主义者（One-worldists）可能试图维持这种相互一致的主张，这种明显的矛盾可以通过将"地球运动"和"地球静止"解释为地球是椭圆球体（没有双关语义）的方式被解决，例如地球运动是根据日心系统且地球静止是根据地心系统。古德曼认为这种解释不靠谱：

> 通常，我们在简单相对化的处理中寻求庇护：根据地心系统，地球是静止的；然而根据日心系统，地球却是运动的。但这里并没有一个明确的说法。仅仅是某个版本所说的东西，并不能使它所说的为真；毕竟，有些版本说地球是平的或者地球搁在乌龟的背上。**根据一个系统说地球是静止的，而根据另一个系统说地球是运动的，它对地球的运行方式没有任何说明，而只是关于这些版本所说的一些内容。**必须补充的是，这些版本均为真。但随即这些矛盾也再次出现，并且我们的退路被封锁了。

（151，黑体部分为作者所加）

古德曼也考虑到其他单一世界主义者的解释；但在经过一些分析后他 *98* 总结道，这些替代的解释导致回到了一种上述"简单相对化"所否定的一种形式或另一种形式。因此，这里根本的困难在于，当我们试着通过相对化为一个系统来避免这种矛盾时，我们就结束了对这个系统的陈述，而该系统对世界"只字未提"。这似乎错得太明显了，简直让我担心错过了重点。很显然，（我本以为）在这些对于一个系统而言的相对化陈述中，有一些仅仅是描述这个系统的特征，而且其他一些描述的真值并不由系统单独地决定。地球在地心系统中处于静止是公认的第一种类型的一个实例。古德曼无疑是正确的，他声称这一实例对地球的运行方式只字未提。但地球在日心系统中的运动**的确**告诉我们一些关于地球的运行方式。地球运动不是日心系统的要求之一。日心系统必须要说明的一点便是，太阳和地球的相对位置可能已经被固定。

当然，人们可以用这样一种方式来**定义**"日心系统"，即这是关于地球相对于它而运动的那个系统的事实。假设 H 就是这样一个系统。如果（在当代天文学系统中）地球相对于太阳而言是固定的，那么依据 H 系统，我们的测量工具便是运用一种让人想到洛伦兹－菲茨杰拉德收缩（Lorentz-Fitzgerald contraction）的系统可变性来施行其功能，这就成为关于我们均生活于其中的这个世界的绝对真理。因此，即使 H 是古德曼通过"日心说"所想到的，但是主张任何相对于 H 的陈述只告诉了我们这个系统仍然是不正确的。至于单一世界主义者关于"地球运动"的解释，我认为恰当的相对化并非指地球的运动是根据系统 H——这种构想确实没有告诉我们地球的运行方式——它指地球的运动是根据这样一种系统，这种系统仅仅假定地球是在太阳处于静止的时候运动。

可以肯定的是，相对于那种除了系统真理以外其他什么都不可表达的系统以外，还存在其他一些系统。古德曼在描述其论题的过程中使用这些系统产生了一些良好效果。例如，他把关于地球的运动和非运动的相对化陈述比作矛盾主张的相对化：

1. 斯巴达国王有两票表决权。
2. 斯巴达国王只有一票表决权。

比作

3. 根据希罗多德所说，斯巴达的国王有两票表决权。
4. 根据修昔底德所说，斯巴达的国王只有一票表决权。

很明显，3 和 4 并没有告诉我们有关斯巴达国王的事情。他们仅仅告诉我

99 们希罗多德和修昔底德说了什么。事实上，运用这些相对化的系统——希罗多德说了什么以及修昔底德说了什么——除了自我描述以外，并没有足够的资源产生任何东西。但这正是这些特定系统的特殊功能。毕竟，这些

系统无非就是可允许的断言的有限罗列，它们在逻辑演算下甚至都不会封闭（在希罗多德系统中的事实"X"和事实"Y"并不意味着"X 和 Y"也在其系统中）。这些系统是对地心系统和日心系统非常糟糕的类比。

顺便一提，古德曼的捍卫者无法抱怨说，这一批评依赖两类不同事实之间的区别，一是关于仅仅被视为传统范围内的一个系统的事实，另一是关于超越这一传统范围的那个世界的事实。古德曼确实经常批判这样的区分。但当批判分析的对象是他所声称的"根据一个系统说地球是静止的，而根据另一个系统说地球是运动的，它对地球的运行方式没有任何说明，而只是关于这些版本所说的一些内容"（Goodman 1996b：151），这毫无意义。

因此，这种反对单一世界主义者针对相互矛盾真理的解释有效性的论证不具有说服力。而且，即使这种论证具有说服力，单一世界主义者可能仍然有其他的逃避路线，这些路线古德曼甚至都没试着去阻止过。首先，他们可以主张那些推定的、彼此对立的真理中的这个或那个，抑或两者都不为真。他们可以如此主张，即使他们不能告诉我们相互对立的主张中**哪一个**不为真。或者，他们可以通过声称相同的词在两个明显矛盾的句子中具有不同的含义，从而来否认存在矛盾。在我看来，这是处理古德曼困境中以下这一表现形态的最好方式，即在某些数学系统中点是由线所构成，而在其他系统中点则不是由线或其他任何东西所构成。在这种情况下，说"点"这个词含糊不清似乎没有错——这些由线所构成的点显然是不同的实体，它们跟那些并非由线构成的点不一样。

令人大为惊讶的是，古德曼针对本体论相对主义的第二个论证是借助简约性来论证的。人们可能认为考虑这样的简约性将会**违背**多世界的假说，比如在量子力学中。但这并不是古德曼的看法。根据古德曼的观点，单一世界主义者的世界是一个理论建构，它可以在无须承受任何重大后果的情况下被消除。这种世界是无意义的，因为它没有属性：

> 难道我们现在不应该从所有这些疯狂增殖的世界中回归理智吗？难道我们还不应该停止谈论正确的样式吗？就好像每一样式都是或者都拥有自己的世界，并且认识到每一个样式都是关于这一个中性的、

基础性的世界的样式吗？如此重新得到的世界就像前面所说的那样，是一个没有分类、秩序、运动、静止和模式的世界，是一个不值得我们为之而奋斗或者反对的世界。

(Goodman 1978：20)

100 在这个时刻，要是能弄清楚古德曼所说的世界和样式之间的关系就好了。但这不是件容易的事。舍夫勒（I. Scheffler）花了数年试图将古德曼的观点确定为一种或另一种阐释（Scheffler 1980，1986，1996）。一个没有属性的世界是"得不偿失"的这一主张，是否使得单一世界主义要比古德曼的多世界主义负有更多的责任。同时，我发现自己懒于去做这种乏味的挖掘工作，它会要求获得必要的明晰度。庆幸的是，没有必要这样做。没有必要因为他没有使其主张免受攻击就要去弄清楚古德曼的主张是否支持其本体论。

该主张指的是因为它没有属性，因此自然无所谓存在这样的世界。这里有两种潜在的单一世界主义回应。第一种是否认世界没有属性。这里，古德曼依靠广泛的哲学共识来反对普特南所谓的"形而上学实在论"。根据形而上学实在论者，存在一个独特的关于实在的正确描述或样式。如果是这样，那么这唯一的世界将会拥有大量的属性——也就是说，它们均归于唯一正确的样式。但形而上学实在论者很难找到这些属性。即便是古德曼最坚决的批判者，例如舍夫勒和普特南，也愿意承认存在多个关于实在的样式，它们具有平等的认识资质。但承认这一点不等于退一步赞同这个世界没有属性。可能仅仅是这个世界的那些属性有一个比我们当初设想的更为复杂的结构。假定 X 和 Y 为该世界的两个样式，这样 F(X) 是根据 X 的关于那个世界的事实，F(Y) 则是根据 Y 的关于那个世界的事实。F(X) 和 F(Y) 甚至可能是不相容的事实。如果形而上学实在论被拒斥，那么的确我们就无法断言，F(X) 是关于那个世界的真理还是 F(Y) 是关于那个世界的真理。然而，我们仍然没有被限定在寂静的神秘主义之中。我们可以说，该世界拥有这些明确的、具体的属性——在面对来自 X 的概念和假设的质询时，它显示为 F(X) 的面相，而面对来自 Y 立场的讯问时它又表现为差别迥异的 F(Y) 的面相。——更简单地说，根据 X，

F(X) 为真，且根据 Y，F(Y) 为真。

对古德曼主张的第二个反驳是，即便世界完全丧失其属性，也不会随之得出世界这一概念在理论上毫无意义这样的结论。诚然，有些概念在我们的认识活动中的确了无价值。考虑**多佩尔电子**（doppelelectron）这一概念——它是始终伴随着常规电子的一种基本粒子，但是它与宇宙中的任何其他粒子没有相互作用。对此，传统的粒子物理学家说，电子流是存在的；多佩尔电子理论家说，电子流和多佩尔电子流都存在，但只有电子才在我们的仪器中有可检测到的反应。在此情况下，很容易看出，多佩尔电 *101*
子理论永远不会为我们提供优于常规粒子物理学的任何解释优势。或许这个世界正如一粒多佩尔电子一般毫无用处。但这绝不意味世界真的毫无用处。毕竟，多佩尔电子的概念是人为构造的观念，其概念联系在一些语词中得到详尽的描绘。相反，世界的概念位于一个复杂的观念之网中，它同思辨性思维自身一样古老。如果我们从我们的概念体系中清除多佩尔电子这一概念，那么很显然我们就知道我们的观念系统会发生什么——什么都不会发生。但如果我们把世界这一概念排斥在观念之网外，那么我们对将要发生的事情就不那么清楚了。当然，人们不能假定，世界不具有任何可说明的属性构成消除它的充分理由。世界可能确实没有可说明的属性，但将之从我们的概念库中完全消除，则会撕裂观念之网，使之到处发生着各式各样的不融贯。如果真的是这样的话，单一世界主义或许的确有其相应的理由，即便我们对于那个世界，除了它存在这个事实外一无所知这一点也是真的。

还有另一种表达同样想法的方式：古德曼给予我们消除该世界的唯一理由是，世界没有确定的属性。如果这一点构成消除该世界的充足理由，那么康德有关本体世界（noumenal world）的概念可能就永无成功的可能。康德将会因其巨大的愚蠢行为而负有罪责，因为他忽略了本体世界没有可确定的属性这一事实。康德有关本体世界的学说可能是错的。但不能仅凭一个细微的疏忽就判定康德错了。这样看来，古德曼的论证并不充分。

因此，古德曼的相对主义的一面易于遭到攻击。在此领域有没有什么攻击力呢？当然有。从柏拉图到普特南的反相对主义者指摘相对主义论题恰恰弄巧成拙。在大多数情况下，这些论证也同样适用完全的相对主义中的任何一种乃至所有形式，包括古德曼的相对主义在内。如果这些批判正确的话，那么建构主义必须要与相对主义一起被抛弃，因为没有相对主义的话，建构主义无法解决两个社会的难题。然而，这里不是本书中处理这些一般意义上反相对主义论证的最佳位置。在第十四章，我们将会看到**逻辑建构主义**分析中所牵涉到另一种非本体论的相对主义形式的状况，该观点认为甚至逻辑规则都是被建构的。同样的论证适用于这种非本体论的相对主义以及古德曼的相对主义。因此，我把对这些论证的思考放在第十五章。同时，我想要讨论一个与古德曼的本体论相对主义版本存在的特定难题。我称之为**范式间午餐难题**（the problem of the inter paradigmatic lunch）。

无论我们是否同意多世界假说，不难想象我们对这个假设会有什么样的理解。我怀疑这种一致性的氛围主要是由于我们用以下完全融贯的宇宙模型来解释这一论题：多重连续体（multiple continua）之间不存在时空关系。以下段落表明，古德曼同样依赖这种模型来指导其思考：

> 但是这么多现实世界在哪里呢？它们之间如何相互关联呢？这么多地球是否在同一时间沿着不同路线运行，有着碰撞的危险吗？当然不是；在任何世界里都只有一个地球；并且这些世界并非分布在任何时空中。时空是世界之中的序列；不同世界的时空并不包含在更大的时空之中。

（Goodman 1996b：152）

无论它有其他什么缺陷，我看不出有什么理由认为我们由于使用这种模型而会陷入逻辑的麻烦。然而问题是，古德曼并未讨论过本体论相对主义的关键特征，这使这一不成问题的解释变得很不充分。亨普尔（Hempel）就附带提及过这些内容：

> 如果不同范式的追随者居住在完全不同的世界里，我很想问，他们如何能够共进午餐，彼此相互交流看法呢？当然可以，有一条通道连接着他们的世界；事实上，他们的世界似乎在很大程度上重叠了。

（Hempel 1996：129-30）

这一段继续：

> 像牛顿物理学和相对论物理学这样相矛盾的范式支持者在力图解释某些现象时将其理论对立起来，这一事实表明他们就这些现象的相关特征达成一致……

(130)

后一段表明亨普尔聚焦于这样的事实，即那些共进午餐的不同范式的支持者能够进行富有成效的讨论。我所关注的则是以下更为显著的事实，**即他们可以共进午餐**。无论他们的对话多么紧张、多么毫无成效，怎么会出现这个会话得以发生的共同**场所**呢？是不是交谈者应该生活在不同的世界里呢？显然，不可否认他们的确**可以**一起共进午餐。我的世界的特征之一表现为，我的世界包含着不同范式或样式的支持者，并且它们包含着我，这一点恰恰是这些支持者的世界至少具有的某些特征之一。因此，如果坚持不同的版本导致我们生活在不同的世界里，那么将不可避免地得出不同世界相互重叠这一结论。但是，两个不相关的连续体的模型并不会重叠：如 *103* 果点 X 既在世界 W1 中又在世界 W2 中，那么它跨过 X 和 W1 中任何其他点之间的空间是可能的（因为 W1 是一个连续体）；同时，它从 X 到达 W2 中的任何其他的点也是可能的（因为 W2 是一个连续体）。但随后它必须能够从 W1 中的任何点到达 W2 中的任何点。根据这一说法，我们有可能在不改变我们的信念的情况下**访问**由不同范式的支持者所建构的世界。当然，所有的这些都是荒谬的。

　　不过，如果古德曼的那些世界并非不相关的连续体，那么它们又是什么呢？或许有这么一个融贯的模型，它将会反映古德曼关于许多世界想说的话。但或许这个模型不存在。关键是，古德曼没有充分地说明他的本体论，以此来说服我们相信他的本体论有一个融贯的描述。这一批判的目标是什么呢？如果能够清晰地表明古德曼的理论是不融贯的，那么就将带来致命一击，不过这样的打击在这里似乎并没有出现。但它确实表明，该论题的融贯性不能被认为是理所当然的。我已经注意到，以最直接的方式去理解他的理论（多重连续体模型）根本不奏效。由于目标假设模糊不清——这根本上是因为古德曼没有告诉我们，不同实在中的居住者共进午餐时他会如何描述所发生的情况，导致上述做法不能构成一个具有决定意义的反驳。如果你对模糊性特别能容忍，那么按照规则系统，可以肯定是，你可以避免任何假定的不融贯的表述：当出现不融贯时，只要声称关键的论证无法反映目标假说的预期意图便可。例如，古德曼理论的拥护者无疑会说多重连续体模型并非古德曼的初衷，以此对我的论证做出回应。只要你无须详述心中**所想**，这一做法就总是可以把握的。当涉及像古德曼这样极不完善的提议时，对不融贯性（或融贯性）的表述是无法预期的。能够用来反对这样一种提议的最具破坏性的批评是，很显然该假说既不融贯也不完善。这就是多世界假说的当前状况。

古德曼提出了他的多世界假说，以避免两个社会的难题的矛盾。不过在前文已经看到的情形是，在单一世界范围内这个矛盾可以避免：我们只需要说，对于任意两个社会，不同集合的可建构事实之间没有交集。然而，麻烦的是，这就会使得我们要对银河阴谋论证担负责任。因此，古德曼的本体论相对主义是真正能解决银河阴谋的难题的一个方案。这不是说仙女星系的（Andromedan）科学家建构的基本粒子或许对我们有约束力，古德曼的意思是说我们的科学家和它们的科学家生活在不同的世界里。如果这种解决方案奏效的话，那么它将会为强建构主义和科学建构主义辩护（假定这些学说没有遇到其他异议）。但是，它并不奏效这一事实意味着，科学的同时也是强建构主义由于银河阴谋的异议而继续受到威胁。

13. 建构主义与时间

　　根据建构主义者的看法，建构关于自然世界的事实这一过程是根据社 *105*
会事实的建构而被理解的，例如货币价值、社会约定、语词意义等等。然
而，货币的建构和促甲状腺激素释放激素（TRH）的推定性建构之间存
在明显的无效类比。在前一种情况下，建构者（constructandum）与建构
对象（constructans）在时间上是连续的。在社会活动建构货币之前，货币
根本不存在，并且如果我们不再用与之相适应的社会活动去维持货币系
统，那么货币将立即不复存在。这同样适用于社会约定和语词意义。然
而，当我们论及 TRH 的建构时，拉图尔和伍尔加并不想说，一种新物质
在 1969 年就开始存在于下丘脑中（它在之前早已被建构）。在 1969 年为
真的是这样一个事实，即 TRH 存在的时间至少与下丘脑存活的时间一样
长。在这种情况下，建构者和建构对象具有不一样的时间性。这种现象不
存在于社会事实建构的典型的、相对容易理解的情形中。

　　这能否融贯地假设，我们建构了那些位于我们遥远过去的事件呢？就
两个社会的难题（见第十二章）来说，人们通过检索社会学文献来对该
问题进行广泛讨论是徒劳的。与两个社会的难题所提到的一样，社会学家
的疏忽由纳尔逊·古德曼所承担。在这一点上，古德曼向我们保证，对时
间上在先的事件的建构"没有产生特殊的困难"（1996a：213）。然而，有
这一把握的前提是承认，他在一个建构主义者的宇宙中来解释时间本质的
这一先前企图"复杂得足以迷惑许多读者"（208）。古德曼的辩护情有可
原：他曾试图"同时处理这两个问题"（208）。尽管如此，他采取了彻底
否定他早先对该话题的讨论这一罕见的做法："现在，最好的思路是考虑
删除第十二章的第三小节"（208）。此外，他没有马上给我们提供一种新

的解释来取代被删掉的章节，而是将新的处理方式推迟到他最后一篇关于
建构主义文章的最后一页中。这似乎不像是一个哲学家在表明某个毫无异
议的观点时的做法。这使人联想到一个数学家的故事，他告诉他的学生，
对一个具体定理的证明是显而易见的。其中一个学生问了一个关于这个定
理的证明问题，这位数学家没有马上给出回答。他回到家中，通宵达旦地
研究这个问题。然后，当他的班级再次集合的时候，他宣布他的第一个观
点是正确的：该定理的证明的确显而易见。

这是古德曼对时间做出的最后一段论述：

> 我一直延后回答的那个问题，现在将再次强调如下："一个样式
> 如何能够使得早已存在的某物成为该样式自身呢？"由于这个问题往
> 往被视为似乎根本无法回答，又具有破坏性，他根本没有造成任何特
> 别的困难。首先应当注意，"一个样式如何能够使得某物远离它？"
> 诸如这样的平行问题似乎没有引起我们多少关注，而且对于更为简单
> 的寻常问题，比方说固体的平面样态、彩色物体的黑白样式，也同样
> 如此；我们并不坚持认为绿色草坪的样态就是绿色的，或者正在奔跑
> 的曲棍球运动员的图画就要移动。**没有哪个原则要求，这些被归于世
> 界的特征就是这一样式的特征**。那么，我们为什么会为一个将过去的
> 时间位置（a past temporal location）归于一个事件的当下版本所困
> 扰呢？

（213，黑体部分为作者所加）

这里的核心主张就是上述引文中的黑体字内容。让我们称古德曼所否认的
这一原则为**归因原则**（imputation principle）。建构者与建构对象必须具有
相同的时间这一初步确立的观点，看起来似乎的确建基于某种类似归因原
则的东西。然而，古德曼通过举例来否证这一原则是完全不充分的。他的
大部分反例可以通过以下观察而被推翻，即被用作表征（绿色草坪的黑
白图片）的物体与被表征的物体（一块绿色的草坪），并不能作为建构主
义范式中建构者和建构对象的例证。像黑白照片这样的物体不产生世界。
对于它们自身而言，照片只不过是一张纸罢了。正是与物体息息相关的人
类**活动**从事着建构活动，而且被建构的是**事实**——或者恰如建构主义的批

评者在回应古德曼时可能会说：但是活动和事实没有颜色，它们也不是平面或三维的。因此，古德曼的这些例子不能被视为归因原则的反例。然而，活动和事实可以被认为具有时间地址（temporal addresses）。因此，归因原则最好是错误的，否则建构主义框架将彻底瓦解。

我认为归因原则的错误没有那么显而易见。尽管如此，我承认我也没能够**为**归因原则提出一个具有说服力的论证。我不想因为我对这个主题没有定论的思考而给读者带来负担。我承认古德曼所说的，这一原则没有具体的例证。但是，如果古德曼因此而假定这意味着建构主义者对时间"没有特殊的困难"，那么他就错了。这里有一个与归因原则无关的时间难题。假设在 t1 时，我们建构了事实 X0，即事实 X 在较早的 t0 时发生；然后，在之后的 t2 时，我们建构了事实非 X0（-X0），即 X 在 t0 时**没有**发生。那么似乎可以认为，X0 为真（因为这个事实在 t1 时被建构）且非 X0 也为真（因为**这个**事实在 t2 时被建构）。对于这一论断，建构主义者要说些什么呢？

107

无论他们说什么，值得注意的是，这一时间困境与古德曼所讨论的不同。古德曼阐述的问题是，我们能够对过去的事件进行建构，这究竟是如何发生的。古德曼的回答是，它根本就不会发生这一假定，建立在毫无理由采纳的归因原则的基础上。假定他的观点正确，并且假定归因原则是错误的。那么，建构者与建构对象具有不同的时间这一事实本身就不是一个反对建构主义的论证。事实上，不妨让我们假定**能**重新建构过去。那么，在两种不同的情况下，当我们建构一个事实以及它的对立面的时候，会发生什么呢？显然，在这种情况下得到的矛盾并没有因为拒绝归因原则而得到丝毫缓解。或许建构主义对这个困境有一个答案。但这在古德曼或其他建构主义者的著述中根本找不到。

当然，这里的新一章困境是在前一章中讨论过的两个社会的难题在时间上的相似表现，即两个**时期**（era）的难题。在两个社会的难题中，我们具有建构 X 的社会 S1 和建构非 X 的社会 S2。时间版本的难题则具有一个完全相同的社会，其在某一时间建构 X，在另一时间建构非 X。在这两种情形下，难题就是如何避免 X 和非 X 都为真的矛盾结论。古德曼对两个社会的难题的推定性方案是把 X 和非 X 在两个不同的世界中分离开来。

他没有讨论两个时期的难题。如果他被问及此问题，或许他会说，时间困境并没有引起新的难题，也未曾在地理学困境中遇到过——两个时期的难题是两个社会的难题的一种**特殊情形**。在两个社会的难题中，我们说 S1 和 S2 所创造的世界是不同的世界，以此来避免矛盾。同理，在两个时期的难题中，我们说我们在 t1 时刻创造的世界和在 t2 时刻创造的世界是不同的世界，以此来避免矛盾。在第十二章中，我认为古德曼对两个社会的难题的解决方案并不能告诉我们如何解释**范式间午餐之约**的可能性。现在，这一具体的困难没有出现在解决两个时期的难题的相对应的方案中：我们无法与过去的自己共进午餐。但在时间情形中，存在一个相似的困难。设定 X0 为 X 在 t0 时发生这一事实，且非 X0 为 X 在 t0 时没有发生这一事实。同时，设定 C1（X0）为 X0 在 t1 时被建构这一事实，且 C2(–X0) 为–X0 在 t2 时被建构这一事实。现在，t1 时的世界有一个包含事件 X0 的过去，t2 时的世界有一个包含事件–X0 的过去。但是，**过去是有传递性的**：如果事件 X 在过去与事件 Y 相关，并且事件 Y 在过去与事件 Z 相关，那么事件 X 在过去就与事件 Z 相关。此外，X0 在过去与 C1(X0) 相关，并且 C1(X0) 在过去与 C2(–X0) 相关。因此，根据传递性，X0 在过去与 C2(–X0) 相关。也就是说，我们在 t2 时建构的世界，在其过去已经拥有了在 t1 时建构的事实 X0。但它同时也拥有在 t2 时建构的事实–X0。因此，这种分离矛盾的尝试在时间情形和地理学情形中都宣告失败。

这里所谈及的两个时期的问题与两个社会的问题完全相似。在这两个情形中，通过把这些矛盾隔离在不同的世界中，其初始的矛盾应该可以得到解决。在这两个情形中，多世界模型不能为我们提供充分表征世界的某些特征的途径。在两个社会的情形中，该模型无法表征每个社会都可以表面上被包含在其他社会的世界中这一事实。在两个时期的情形中，该模型也是失败的，因为我们过去的过去同样也是我们的过去。在这两个情形中，说该模型不能为我们提供充分表征某些事态的途径，其实是以温和的方式表明该模型是不融贯的。诚然，这种不融贯或许可以通过一种更为精细的模型来解决。但是，正如我在前一章所提到的，当面临一个争论时，人们**总是**可以这样说，某人的概念框架是不融贯的。

一些建构主义的辩护者承认，严格来说，建构主义者关于时间的讨论是不融贯的，但是他们坚持认为，在这种情形下，对不融贯性的指摘既不严肃也显得肤浅。尽管就其展开讨论的情况看并没有问题，但它忽略了一种可能性，即有时我们有充分的理由去给出一些"严格来说"不融贯的陈述。有时，这种理由甚至是在认识层面上的。例如，在引入一个新的概念系统的过程中，我们可能会发现自己不得不说一些不融贯的话。一个具体的例子将有助于我们集中讨论这个话题。

当弗洛伊德（Freud）开始描写无意识的心理过程时，他考察以下反对意见，即仅仅因为意识是心理过程的典型特征之一，就可以说根本不存在这样的过程。他承认：

> 我们往往习惯将什么是精神的（psychical）等同于什么是有意识的。我们将意识仅仅视为心理过程的**典型**特征，并且把心理学视作对意识内容的研究。确实，在我们看来，似乎以这样的方式想当然地将它们等同，会导致任何关于该观点的矛盾都给我们留下明显是无稽之谈的印象。不过，精神分析无法避免引起这样的矛盾……
>
> （Freud 1917/1973a：46）

在这段话中，弗洛伊德承认，精神分析的核心论题在分析的意义上是错 *109* 误的：根据现行的语言约定，无意识的心理过程类似于已婚的单身汉。但是，弗洛伊德当然不只是用心理学的标准语言来给出一个新的经验性主张。他试图革新语言。弗洛伊德将自己视为一个概念的修理工，这一点在他的许多段落中都能清楚地看到。有一次，他直截了当地将他的主要贡献描述为推动了对"'精神'概念的扩展"（Freud 1917／1973：363）；并且在他讨论"心理生活的基础本能……的观念（conception）"时，他写道：

> 我在这里使用"观念"一词是有一个特定理由的。这些是我们所面临的最困难的问题，但是它们的困难并不在于观察不足；以这些谜语向我们呈现出来的，实际上是最为常见且又是最为熟悉的现象。这些困难同样不在于它们所产生的那些思辨的深奥本质；思辨性思考在这个领域中几乎不起作用。但它确实是一个观念问题——也就是

说，事关引入正确的抽象观点，将它应用于观察的原材料中，就会产生有序性和清晰性。

（Freud 1933/1973b：113）

一个无意识的心理过程实际上是一个自相矛盾的说法——依据弗洛伊德想要取代这种陈旧的话语方式。弗洛伊德相信，除了主体没有意识到它们之外，确实存在着功能上与有意识过程完全等同的过程；同时他认为，最不具破坏性地来适应这种观察的方式，就是在意识和心理之间进行区分。

拉图尔和古德曼的时间不融贯性是否能够以跟弗洛伊德同样的方式来理解呢？哈金认为可以如此：

> 这里似乎有一个不起眼的悖论。自动物诞生以来，高等脊椎动物的下丘脑难道没有分泌出这种物质吗？这种分泌物具有某种结构，而这种结构在得克萨斯州和路易斯安那州的实验室里广为人知，这一点难道不总是事实吗？拉图尔和伍尔加并没有说，下丘脑中的某些东西在 1969 年改变了。但他们却认为，被逻辑学家称为事实的断言的模态和时态结构被误解了。假定 F 是一个相对永恒的事实，比方说这个事实指 TRH 具有这样和那样的化学结构。官方的说法是：在 1969 年以前，人们绝对无权断言 F 是一个事实，也无权断言 F 始终是一个事实。但是从那时起，我们知道要有足够的理由来断言，F 是一个事实且始终如此。拉图尔和伍尔加认为并非这样：只有在 1969 年之后，经过一系列特定的实验活动、交流和协商之后，F 才成为一个事实，并且也只有在 1969 年之后，F 始终是一个事实才为真。我们语言的语法阻止我们进行这样的表述。我们独有的语法深深地影响了我们永恒的事实观。

（Hacking 1988：281-2）

110

根据对这种"不起眼的悖论"的诊断，这种情形事实上与弗洛伊德所面临的情况相同。在这两种情形下，这些作者充满矛盾的断言不会被理解为对深层次困惑的展示，而是作为一种试图去改变我们话语方式的可理解的副产品。

　　我觉得这种判断在弗洛伊德的情形中是具有说服力的，但我不确定在拉图尔和伍尔加的情形中是否也如此。在这两种情形之间存在着巨大的差异，以至于我们必须在此稍做停顿。在精神分析的情形中，很容易辨别新的概念框架中哪些陈述将被视为有意义的，哪些陈述将被视为废话而应该被拒斥的。例如，很显然无意识的心理过程在新的框架中是可被接受的，但有意识的非心理过程则不能被接受。此外，如果它所修正的图式一致的话，显然弗洛伊德的图式也是一致的：如果原初的话语方式是自我融贯的，那么摆脱作为心理的先决条件的意识，与此同时其余一切保持不变，这将不会产生任何新的逻辑难题。对于拉图尔和伍尔加所有的概念修正而言，这些都不适用。与弗洛伊德的情形相比，根本看不出新的"针对事实所做出的断言的模态和时态结构"，会导致我们关于众多时间场景做何表达。被告知心理过程根本不需要意识就已经足以理解弗洛伊德概念修正的全部范围。但是被告知在 t1 时的一个自然事实可以在不同的时刻 t2 被建构，这一点留下了无数未解决的时间问题。例如，在拉图尔和伍尔加或者在古德曼少有而隐晦的评述中——抑或是在哈金过多的注释中——并未给我们在两个时期的难题上提供任何指导。声称我们需要一种替代性的语法是一回事，而呈现一种替代性的语法却是另一回事。

　　让我们来看看，在建构主义的框架内，尝试提出一个融贯的方式来讨论两个时期的例子到底涉及了什么。不妨再次假设 C1(X0) 和 C2(-X0) 可以同时实现——"X 在 t0 时发生"在 t1 时被建构，以及在随后的 t2 时，"X 在 t0 时发生"被解构。过去世界上曾经有燃素事件（phlogistic events）；现在我们想说的是，燃素事件从未存在过。没有办法在单一的时间维度内去调和这两种观察结果。我们需要一个分支结构，其中每一个建构事件都与自身独特的过去相关联——它包含了所有为新的建构事件所构成的过去事件，或者它已由以往的建构事件所构成但尚未为新的建构事件所解构。C1(X0)、C2(-X0)、X0 和-X0 之间的关系可以如图 13‑1 *111* 所示。

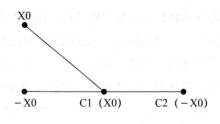

图 13 - 1

显然，由此产生的结构通常会与量子力学的多世界解释所假定的结构一样具有同样的复杂性秩序。就目前的分析而言，两者之间的主要区别在于，多世界解释分支的时间线是深入未来的，而我们的初始建构模型分支的时间线分支却是深入过去的。但是，当然，如果建构主义者是正确的，那么我们既建构了未来，也建构了过去。我们现有的夸克将会存在于未来，即使它过去并不存在。因此，每一建构事件都必须与其完整的世界历史相关联。此外，每一这样的世界历史自身都包含了建构性事件，这些事件反过来又与不同的世界历史相关联：这是一个关于我们当前世界的事实，即夸克曾经不在我们的未来存在过。因此，该模型要求我们假定世界内世界之中的世界，有着无限层次的递归。此外，我们只讨论一个**单一的**古德曼世界的时间结构：备选的过去和将来都是由建构和解构活动的历史所创造，**我们将这些历史视作发生在我们的过去（或在我们过去的过去，等等）**。其他的社会或"样式"也许具有完全不同的建构历史，并且这些建构历史将会产生有着完全不同分支的世界。我们很容易就会失去对这些概念性要求的把握。事实上，确定是否有一个可获得的合适的结构是个非同寻常的数学任务。然而，有一件事是肯定的：如果一个合适的结构是可获得的，那么这在数量级上将会比量子力学的多世界模型的结构更为复杂，更不用说托勒密的天文学（Ptolemaic astronomy）结构了。如果相同的理论工作可以通过以下方式来完成的话，即假定不同的年代和不同时期的社会仅仅对同一个独立世界具有不同的视角，那么为何会有人想成为一个建构主义者？

更糟糕的是，我们有理由相信，这一整个进路将注定失败。看看 C1(X0)、C2(-X0)、X0 和-X0 之间的关系图。该图大概是宇宙在 t2 时，整个反向分支和正向分支结构的一小部分。根据这个图，事件 X0 在 t2 时 *112* 被解构，但是早期的建构事件 C1（X0）在 t2 时却并**没有**被解构。如果建构主义者是正确的，那么世界在其过去曾经存在燃素，现在又不存在了。但是我们现在的世界里依然存在过去科学家在其过去所进行的燃素建构活动。建构主义者将会允许，甚至是建构的事件也可以被解构：在未来，我们**或许**会以这样一种方式重建过去，即燃素**理论家**从未存在过。但这种方式肯定不具有强制性。我们必须允许解构过去所建构事件的可能性，同时保留过去建构事件的完整性。这就是图 13－1 中所描述的可能性：包含-X0、C1(X0) 和 C2(-X0) 在内的水平线告诉我们，-X0 和 C1（X0）均处于 t2 的线性过去之中。只看从-X0 到 C1（X0）这一水平线的部分，我们发现，在 t2 的线性过去中，建构性事件 C1(X0) 在其过去拥有事件-X0。现在来看看包含了 X0 和 C1(X0) 的**斜线**（oblique line）。这是在 t1 时获得的线性世界历史中的一部分。在**这个**历史中，C1(X0) 在其过去拥有 X0。因此，存在一段关于 C1(X0) 在其过去（斜线部分）拥有 X0 的历史，并且另一段是关于 C1(X0) 在其过去（水平线部分）拥有-X0 的历史。但是如果 C1(X0) 在其过去拥有 X0 或- X0，那么 C1(X0) 的出现很难说构成 X0。显然，C1(X0) 的出现对 X0 是否在其过去出现并没有产生影响。这个论证完全具有普遍的意义——它适用于对过去事件的任何推定性建构。在我们正在考虑的分支模型中，我们的建构性活动**没有**构成过去。

　　要再一次说明的是，或许存在一种能够应对这些难题的方法，但却没有一种快速而简单的方法映入脑海中。当然，哈金把建构主义的时间难题描述为一个"不起眼的悖论"似乎是一种不合时宜的自信，正如古德曼断言时间"并未产生特别的困难"那样。解决该难题并没有什么现成可行的建议，并且显然，提出一个建议也不是一件微不足道的事情。在这些情形下，是否有理由继续将拉图尔或古德曼的建构主义——一个允许重构过去的建构主义——视为一个极其重要的选择呢？当我把自己放在一个与我所能激发的框架相同的、开放的心灵框架时，我得到了一些灵感：或许建构主义者心中的概念革新是如此极端，以至于凭借我们目前的交流系统根本无法将其表达出来。我不打算对那些不可言说的事物进行详细的分析，但是在**简单的概念革新**和**困难的**概念革新之间，做出一个粗略、径直的区分或许会为那些不融贯的策略提供最后的避难所。简单的概念修正是指，引入新概念可以通过用旧概念来对它们加以界定。"绿蓝"和"蓝绿"（"Grue" and "bleen"）就是例子；而且既然它对共同的思维模式有着重大的影响，它对弗洛伊德的无意识心理过程的观念自然也是如此。这种困难的概念修正指的是那些涉及新术语引入的概念修正，而它们在旧图式中并没有一个定义上的对应物。库恩和费耶阿本德（Feyerabend）所讨论的不可通约性难题（the incommensurability problems）是由于假定不可能在以前的理论框架上去定义新理论的概念所造成。在物理和心理之间的殊型同一论（the thesis of token identity）为我们提供了另一个例子：如果心理事件对物理事件来说只是殊型相同（token-identical），那么就没有办法通过定义的方式将意向心理学的心灵主义（mentalistic）概念引入一种纯粹的物理主义语言中来。

113

如果我们想要实现一次艰难的概念革新，那么我们就必须使用迂回的方式去表达我们的意思。我们无法先验地知道什么东西会奏效。在禅师（Zen masters）使用这样的方法之后，一个适时的警醒或许可以有如此效果。充满矛盾的、明智的话语或许也能如此。还可能是这样的情形，在就图式中表达新观点的那种尝试最终以自相矛盾而结束。我所想到的一个例子是这样的。这个例子恰好是从针对神秘的不可言说的讨论中获得灵感的（Henle 1949）。假如我们的交流系统仅限于书写，并且每个句子都是通过叠加所有的构成元件的符号而不是通过记号串联写出来的。这样的系统足以表达各类事实。特别是，如果这些符号的形状被选择用以避免混淆解读，那么它应该就有可能来表达关于对称关系的命题，例如"比尔和苏结婚了"或"比尔和苏没有结婚"。用于后者的句子或许与用于前者的句子完全相同，都用一个大 X 来连接它。但是，如果这种语言的使用者设想了一种非对称关系，比如"是家长吗（is a parent of）?"将会怎样呢？他们可以引入一个新的符号来代表新的关系。但是，当他们试图表达与"是家长"相关的事实时，他们将会发现自己所写的句子是矛盾句。比尔是苏的家长这一事实是通过对"比尔"、"苏"和"是家长"的符号叠加而得以表达的；并且，"苏不是比尔的家长"这一同样为真的事实是通过相同的叠加而得到表达的，即用一个否定的大 X 来连接它。根本没有什么办法通过预先存在的系统中所允许的操作来为新概念提供空间。

这里的想法就是，建构主义可能会通过将其不融贯性归于同样的原因而得救。正如宗教神秘主义者通常所认为的那样，或许我们在一个拥有致命缺陷的时间观念中工作，并且这种时间观念已构成我们特有的交流模式，以同样的方式，非对称关系的非存在（non-existence）是建立在叠加语言（superimposition language）之中的。当我们试图在当前的语境中表达时间的真相时，它就会变成乱码。但是，错误在于语言，而不是在我们试图表达的观念里。我能够想象在这样的情形下——一种无法用当前语言表达洞见的情形。然而，我承认我对不可言说的建构主义洞见视而不见。问题是：对这种不可言说的学说我应该采取什么样的态度呢？这是威廉·詹姆斯（William James）在《宗教经验种种》（*The Varieties of Religious Experience*，1902）中所论辩的关于神秘主义的问题。最终，他未能够取得任何进展，并无奈地接受了一个温和的不可知论。或许接下来的解释会稍微好一些。如果建构主义者所讨论的时间最终是不融贯的，那么有三种方式可以来解释该问题。第一种可能性是，建构主义确实与我们当下讨论的时间是相关的，如非对称关系的事实不过是叠加语言。这是试图强行将一个人的洞见纳入到一个不充分的模型中，由此产生矛盾。第二种可能性是，那些想成为革新者的人很困惑——他们认为他们具有洞见，但他们事实上根本没有。第三种可能性是，他们**假装**有洞见——他们根本就没有明确的想法——他们从事的不过是略而不证的古代哲学实践。

我如何才能分辨这三种假说中的哪一种属于这个情形呢？好吧，我没有很大的确定性能够进行分辨。不过在我看来，我有一个与之相关的线索。如果概念革新者的确有不可言说的洞见，并且如果他们想要与我们分享，那么我希望他们能够步调一致地来消除他们第一次尝试表达其理论时所产生的不融贯性。在叠加语言的情形中，非对称关系不能被表达这一点可能是显而易见的。但这是一个人为的例子，其观点也是经过了巧妙的编造。在明显不可言说的真实情形中，某个具体的观点不可表达这一点一开始不会很明显。自然语言的表现力如此丰富，以至于这样的想法会是仓促的，即人们的洞见不可言说，除非或者直到人们做出一个严肃而又持久的尝试来实现它。这就是我所期望的那些具有洞见的人无法表达的行为。这也是人们会做的事情，假如他们错误地相信他们拥有这样一种洞见的话。然而，虚张声势者和略而不证者都没有什么事情好做。我会期待他们给出不融贯的看似精彩的阐释，并尽快地转换主题。这就是建构主义者及其辩护者已经做了的工作。他们没有做出显见的努力去解决由他们的观点所产生的时间悖论。哈金声称，我们的时间逻辑的确存在错误。然而似乎没有人试图去消除这种错误。这是引起怀疑的原因所在。

反驳关于建构主义时间的神秘理论是我本章讨论最让人激动的终极任务。从写法的角度来看，以这一高度来结束讨论是可取的。不幸的是，还有一些未完成的概念上的任务将不得不在后续重要意义上来加以观照。这一章我从以下现象观察着手，即在社会性建构的社会事实的典型情形中，建构者与建构对象在时间上总是连续的。我赞同这一主张。不过也存在一些不那么典型的社会性建构的社会事实的情形，在这类情形中建构者与建构对象的时间一致并不明显。例如，假设一个立法机构通过了一项法

115 案，它使得吸烟在**溯及既往意义上**不合法。溯及既往的法律（retroactive laws）可能是不公正的。事实上，我们的法律系统以避免这种法律而自豪。但它以不陷于追溯性立法而自豪的这一事实，恰好证明它**有可能**沉溺于追溯性立法，倘若它做出如此选择的话。不管它是否公正，都没有办法阻止政府在将吸烟定为犯罪之前就给人们贴上吸烟的标签，并将他们当作罪犯来对待。但这不就是建构一个有关过去的新事实的情形吗？假定溯及既往的禁烟立法在 1996 年通过。那么在 1996 年的时候，吸烟者在 1995 年是否已经是罪犯了呢？这难道不是一个对推定性事实的精准类比吗？也就是已经存在千万年的 TRH（即一种具有在 1969 年才被"发现"结构的物质）在 1969 年为真吗？如果人们可以因为追溯而成为罪犯，那么似乎我们就必须相信，存在一个允许建构过去事实的融贯的时间逻辑。至少，我们在构想这样一个时间逻辑时所遭遇的难题，是无法被作为一个论证用于反对拉图尔和古德曼的。这些都是我们**不得不**面对的问题。

我会以下述方式来回应这一论证，也就是存在多种解决追溯性立法实例的方法，这不需要在时间逻辑上进行任何革新。然而，这些可供选择的方案都没有为像拉图尔和古德曼这样的强建构主义者所使用。因此（我

将论证），无论如何，这些由拉图尔和古德曼的主张所造成的尚未解决的时间逻辑难题毕竟不利于这些主张。由追溯性立法产生的困境可被描述如下。当 1995 年到来的时候，还没有反对吸烟的法律，吸烟者因此也不是罪犯。然而，在 1996 年追溯性立法之后，吸烟者在 1995 年已经是罪犯这一点却为真。因此，在 1995 年，吸烟者既是罪犯又不是罪犯，这迫使我们诉诸替选性时间线和/或其他模糊的时间上的新特性。其结论是，拉图尔和古德曼对同样模糊的新特性的依赖的需求并非对他们的观点的不利之处。但是我们真的不得不说吸烟者在 1995 年既是罪犯又不是罪犯吗？在我看来，从"罪犯"一词的某种意义上来说，吸烟者在 1995 年是罪犯；同时，从"罪犯"一词的另一种意义上来说，他们又不是罪犯：这种说法更加自然也更不成问题。

那些吸烟者在 1995 年是罪犯吗？如果想说他们不是的话，那是因为实际情况是，1995 年还没有通过什么禁烟的法律。我们不妨说，**当下罪犯**（contempocriminal）是指那种违反现有法律的人。这里所说的法律可能会也可能不会溯及既往将一个人的行为视为犯罪。但是如果这种活动被追溯为犯罪，那么这个人就不是一个当下罪犯。很明显，吸烟者在 1995 年并**不是**当下罪犯。然而，他们在 1996 年受到的起诉和惩罚却源于他们在 1995 年的非当下犯罪活动。如果他们应受惩罚的活动没有使他们成为当下罪犯，那他们是什么？他们是**追溯性罪犯**（retrocriminal）。追溯性罪犯是指施行了一种在未来某个时期内将被追溯为非法行为的人。显然，吸烟者在 1995 年就**已经是**追溯性罪犯了，尽管人们在 1996 年之前没有办法认识到这一点。重要的是，他们在 1996 年并没有在追溯意义上**成为**追溯性罪犯——而是从一开始就被视为追溯性罪犯。与之相似，吸烟者在 1996 年成为当下罪犯，但他们在 1995 年并没有在追溯意义上成为当下罪犯。吸烟者在 1995 年无论过去还是将来均属当下无罪（contempo-innocent）。基于这种解释，吸烟者从未在追溯意义上成为任何人：他们在 1995 年无论过去还是将来都不是当下罪犯，并且他们在 1995 年无论过去还是将来始终是追溯性罪犯。这些事实都是永恒的；因此，不需要对时间逻辑修修补补。此外，在对吸烟和法律之间关系的描述上，并没有任何东西遗漏。

上述解释在一定意义上过分简化这样的情形：可能存在连续的重构和

116

解构使这个故事变得更加复杂。例如，吸烟在 1996 年可以在追溯意义上被视为犯罪，但在 1997 年被合法化。那么吸烟者在 1995 年是不是追溯性罪犯呢？显然，追溯性罪犯的概念太过简单，以至于难以解决类似的情况。我们不得不引入各类与时间挂钩的追溯性犯罪，这样我们就可以说，1995 年的吸烟者是 1996 年的追溯罪犯，但不是 1997 年的追溯罪犯。如果我们的社会经历了大量的重构和解构，那么在过去任何一个时间点上对社会状况的解释都将会变得极其复杂。这或许会导致一些人反对说，在属性系统的复杂性上，我对这个问题的解释仅仅只是规避了时间逻辑的复杂性。但是这两个领域的复杂性之间存在着巨大的差异。如果这种基于拉图尔和古德曼主张的复杂的时间逻辑从根本上可以融贯地表达出来，那么这将要求我们去改变我们关于宇宙本质的一些最基本的观念。我所援引的这种与时间关联的追溯性属性的复杂系统，或许正如复杂的时间逻辑一般晦涩难懂，但它不具有新的形而上学的意义——就日常属性而言，追溯性属性都是直接可定义的。在我所提出的场景中，毫无疑问为真且毋庸置疑的是，1995 年的吸烟者是 1996 年的追溯性罪犯。与这种不容置疑的事实具有相同秩序的事实是，一个在 1995 年是 30 岁的人在 1996 年是 31 岁。自此，我将忽略由连续的重构和解构的可能性所引起的复杂性。

拉图尔认为（且古德曼将会同意），TRH 已经存在千万年这一点在 1969 年为真。关于追溯性立法的类似主张将会是，吸烟者在 1995 年已经是罪犯这一点在 1996 年为真。我们对这一主张应该说些什么呢？首先，要注意这种"犯罪"与当下犯罪或追溯性犯罪都不相同——因为，虽然它假设吸烟者在 1995 年已经是罪犯这一点在 1996 年为真，但是吸烟者在 1995 年是当下罪犯这一点在 1996 年**依然为假**——并且，虽然吸烟者在 1995 年是罪犯这一点在 1996 年之前不为真，但是吸烟者在 1995 年是追溯性罪犯这一点却**始终为真**。关于拉图尔—古德曼的犯罪类型，我想说的是：

1. 它使人们意识到，有必要带着高度怀疑的精神，对我们的时间逻辑做出彻底的修正；

2. 就当下犯罪和追溯性犯罪而言，我关于追溯性立法的解释似

乎并没有遗漏什么；而且

　　3. 我们应该因此而且从我们的概念库中完全消除拉图尔—古德曼的犯罪概念。

可以肯定的是，人们可以想象一个立法机构，通过规定从今以后过去的吸烟者将一直被视为罪犯，以此试图来提出拉图尔—古德曼的观点。但是人们也可以想象另一个立法机构，通过规定 P 以及非 P 分别是什么样的（我似乎记得，犹他州州议会的一名成员曾提出一项法案，使得 π 等于 3）。在这类情形中，我们说立法机构**不能**做它声称要做的事，因为它所声称要做的事是不融贯的。毫无疑问，立法机构可以强行实行追溯性处罚；但是，如果我的分析是正确的，那么他们不可能证明吸烟者永远是罪犯。

　　但是，如果我对追溯性建构在时间逻辑上并不需要改变这一主张是正确的，那么这难道不是向拉图尔和古德曼提供了一种与自然事实的追溯性建构相关的难题的出路吗？比方说，对于电子自旋这一事实。拉图尔和古德曼会说，这一事实是被建构的。让我们假设这一事实是由古德斯密特（Goudsmit）和乌伦贝克（Uhlenbeck）在 1925 年建构的。现在，如果我们说 1925 年被建构的东西就是电子总是有自旋这一事实的话，那么我们就承继了上文讨论过的时间逻辑的所有尚未解决的难题。因此，为什么我们不简单地遵从我对追溯性犯罪立法的分析模式呢？这个策略会让我们说，在自旋被建构之前，电子已经具有**追溯性自旋**（retrospin），但是它们并不具有**当下自旋**（contempospin）。此外，这些关于电子的事实从未改变且将来也绝不会改变。电子从一开始就具有追溯性自旋，这一点始终为真且将永远为真，但直到 1925 年它们才具有当下自旋。因此，我们无须以任何方式去改变我们的时间逻辑，就可以拥有物理事实的建构。

　　对像拉图尔和古德曼这样的强建构主义者而言，这种出路并不是可把握的。因为从时间逻辑难题中解脱出来的路径正是建立在，对于任何事实 F 而言，我们从不会同时断言 F 始终是一个事实且 F 是被建构的。如果我们确实做出了这样的声明，那么我们就必须承认，曾经有段时间里，F 不是一个事实（因为它尚未被建构）且 F 是一个事实（因为 F 一直是一个事实）——这就是我们一直试图去规避的时间悖论。再来看看反对吸烟的追溯性立法这个例子。我主张，吸烟者在 1995 年是追溯性罪犯一直是一个事实。这一表述方式有助于我们去规避时间悖论，前提是这种正在讨论的事实被视为一个未被建构的、独立的事实。主张吸烟者在 1995 年是追溯性罪犯，也就是说某一建构性事件发生的时间晚于 1995 年；但是，某一建构性事件发生的时间晚于 1995 年这一事实本身并不是被建构的——它自身是一个独立的事实。如果后一事实是被建构的，那么我们就能在一个更高的层面上重建时间悖论：在"吸烟者在 1995 年是追溯性罪犯"被建构之前的一段时间里，它不是一个事实（因为它尚未被建构）同时它也是一个事实（因为它一直是一个事实）。对于电子的自旋也可以这样说。主张电子在 1924 年就有追溯性自旋始终是一个事实能够使我们规避时间悖论——只要我们不补充说明电子在 1924 年具有追溯性自旋的这一事实本身是被建构的。但是强建构主义者确实提出了这一额外的主张。因此，他们无法逃离在时间上不融贯性的指摘。

14. 建构主义与逻辑

在表达建构主义者和实在论者之间的争论时，我已经假定双方共有某 些宽泛的推理原则，例如非矛盾律（the law of non-contradiction）、不可分辨者的同一性（the identity of indiscernibles）以及最佳解释推论（inference to the best explanation）。这些原则或多或少在某些极其重要的方面彼此不同。但本章中不会指出这些差异。事实上，我将会肯定地称其为"逻辑"的所有规则，我的意思是说，它们不仅仅是进行（不一定是演绎）推理的规范性原则。这里的问题是，建构主义者是否承认推理规则具有独立的有效性——也就是说，在不被人类活动**呈现为**有效的情况下，这些推理规则是有效的。

让我们把不存在独立有效的逻辑规则这一观点命名为**逻辑建构主义**（logical constructivism）。回想一下，**强建构主义者**是指主张不存在独立的（以及可确定的）偶然事实的人。显然，一个强建构主义者也可以是一个逻辑建构主义者。我把它作为一个练习留给读者来决定，也就是一个逻辑建构主义者是否能够**反驳**强建构主义（解决方案留在本章末）。那些认为存在一些独立有效的逻辑规则的人将被统称为**理性主义者**。大致说来，逻辑建构主义者不仅想要从理性主义中区分出他们的立场，还要从完全的非**理性主义**中区分出他们的立场，后者将不承认任何有关意见或话语的认识约束。（在这里，理性信念和理性话语之间有一个很重要的区别，我将在第十七章中提出。然而，就目前来说，我将尽我所能地试着把它写下来。我只是想让读者知道，这种模棱两可的表达是有意的，并且它将会得到改进。）与非理性主义者不同，逻辑建构主义者愿意这样说，即一些推理规则是有效的。他们只是不同意理性主义者的论断，即逻辑的有效性独立于人类活动。本章要处理的主要问题是，是否有可能保持一种不会坍塌为理性主义或非理性主义的独特的逻辑建构主义立场？

谁是逻辑建构主义者呢？我将在下文表明，拉图尔和伍尔加也许应该被归入逻辑建构主义者的阵营，尽管我在他们的书中看不到一个明确的认同。还有人认为巴恩斯和布鲁尔（1982）从科学知识社会学（SSK）的角度对逻辑的地位进行了深入的讨论。但是，要再次说明的是，巴恩斯和布鲁尔赞同的是一种相对主义，下一章会处理这个问题。他们想用相对于社会的有效性概念代替逻辑有效性的概念。我们在第十五章中将会看到，这种形式的相对主义确实与逻辑建构主义有着概念上的联系——这种联系让人想起在第十二章中被讨论的强建构主义和本体论相对主义之间的联系。然而，在本章中，我有一些关于逻辑建构主义的话要说，而我所要说的与那些同相对主义论题纠缠不清的问题无关。

现在，让我们开始吧。

不管怎样，关于合适话语的普遍规范充满着实在论和理性主义假设。当我们理解它的时候，就要接受我们应该赞同并声言真理这样的规范。这一原则在真理是社会性建构的情形中失去了很多吸引力。因为，如果真理**依赖**我们的赞同与声言，那么遵守这个原则就意味着做出支持现状的政治决策。这样的一个决策当然是可选择的。大致说来，每个人都会同意，有时挑战正统观念是合适的。但是，根据建构主义者自身的解释，与社会性建构的事实有关的正统总是正确的：社会性建构的事实仍然是**事实**，并且赞同与声言其相反立场就是要接受**错误**。如果科学事实是由广泛的协商一致的过程所建构，那么每一个与当前观点相矛盾的新的科学提法都是错误的。如果所有的事实都是由协商一致的过程所建构，那么遵守真理的规范将会把任意试图改变当前观点的尝试视为不正当的。这些并不是建构主义者想要支持的命题。建构主义者不想**停止**认识上的改变——他们只是想在没有实在论者或理性主义者假设的情况下来解释它。简而言之，每个人都同意，被建构的真理实际上并不会对我们的认知活动有约束力。

当有关被建构的真理的这种普遍观点施加于**逻辑**建构主义的论题时，它使后者坍塌为非理性主义。可以说，逻辑建构主义者与非理性主义者的不同之处在于，他们承认当前的协商逻辑是有效的，同时在将这种有效性视为社会性建构这一方面，他们与理性主义者有所不同。但是，我们刚刚已经看到，被建构的真理并没有为我们的认识活动提供任何规范约束。这意味着，逻辑建构主义者不需要屈从于一个反对他们立场的严格的逻辑论证。毕竟，有一些逻辑使得建构主义获胜，而另一些则使得建构主义失败。（不妨看看含有"P，因此建构主义为真"这个推理规则的逻辑，或看看另一个含有"P，因此建构主义为假"的推理规则的逻辑。）为什么建构主义者仅仅因为他们不幸地生活在一种组织制度中，而且在这样的制度中所制定的逻辑使得他们最喜欢的论题为假，就应该屈从呢？为什么不试图推翻这个制度呢？上述言论并不构成允许不向有效论证投降的一个有 *121* 效论证。否则显然是弄巧成拙的。这些评论完全只针对理性主义者，目的在于他们认识到用建构反对逻辑建构主义的论证是徒劳的。

让我们试图勾画出逻辑建构主义者和非理性主义者之间的区别。到目前为止，这样的讨论已经建立起来了，正如非理性主义者一样，逻辑建构主义者可能违反任何特定的逻辑规则。但是，如果逻辑规则是由协商的过程所建构的，那么就不能完全随意地出现这样的违规做法。如果双方都不承认他们的行为受到任何限制，那么协商是不可能的；并且在缺乏遵守某些逻辑规则的前提下，人们就不会遵循任何约束机制。比方说，你必须兑现你所做出的承诺，说这话是没有用的，除非它是这项义务的结果，即你千万不能违背你所做出的承诺。没有逻辑，你就无法从"不遵守"中区分出"遵守约束"。因此，尽管逻辑建构主义者必定被赋予违反有效推理规则的自由，但同样必定以某种方式来衡量所允许的无效性的范围。关于一阶规则如何才能或如何才不能被打破，必须要高阶的规则才行。这里的建议是，逻辑建构主义者就像非理性主义者一样，他们并不认为有什么任何逻辑规则不可违背，但是他们又不同于非理性主义者，原因是他们否认任何事情都会发生。

我们又一次站在了一个无限回溯的边缘：如果所有的逻辑规则都是被建构的，并且如果无须重视那些被建构的真理，那么就没有必要遵循高阶规则，尽管它们告诉我们如何打破一阶规则。这里的回溯是一种比第十章中相对温和的尼尼鲁托—科林的回溯更为致命的回溯。这可能会被这样一个事实掩盖，即在关键时刻，有一种自然产生的尼尼鲁托—科林类型的论证，而这个论证听起来很像是我提出的论证。这一相对没有争议的论证如下：为了协商，你需要有一个协商的逻辑。但根据逻辑建构主义，所有的逻辑都是协商而成的。因此，这种协商的逻辑本身必须经过协商。这只能发生在一个协商在先的逻辑背景中，诸如此类。每一次协商都预设了一种逻辑，而它又预设了另一次协商。这就是尼尼鲁托—科林进行略有不同伪装后的论证。如它的前身一样，对于建构主义者来说，这很麻烦，但不是根本性的麻烦。你不能在没有逻辑的情况下进行协商，而且你在没有协商的情况下也不可能有逻辑，这样的事实无法排除以下可能性，即协商和逻辑是一起从某类原逻辑（proto-logic）和原协商（proto-negotiation）中发展而来的。尽管这很显然就是略而不证，但至少这个论证给逻辑建构主义者留下了蒙混过关的空间。

我的论证有所不同。你需要去协商的逻辑自身就是可协商的，**因此，你可以打破它的规则**。对于可能的协商而言，必须要有相应的高阶规则，*122* 它们是关于一阶规则是如何被打破的。但这些也是可协商的——因此，你也可以打破那些规则，等等。其结果是，在逻辑建构主义者允许自己做出的行为中没有任何约束。因此，逻辑建构主义就还原成非理性主义。

当然，上述情况本身就是一个理性的论证。在第十七章中，我将探讨理性论证在理性主义者与非理性主义者之间论辩的作用。当前的看法是，在理性主义和非理性主义之间，没有逻辑建构主义者可能会占据的中间点（intermediate niche）。可以肯定的是，根本没有逻辑上的理由来解释，为什么非理性主义者不能声称自己是处于理性主义和非理性主义之间的一个中间位置的逻辑建构主义者。由于非理性主义者不承认逻辑约束，因此不存在逻辑的理由来解释为什么他们不能说他们想要说的任何东西！这种分析又一次只是为了理性主义者的利益而进行的。我想告诉他们，不要费心试图去反驳逻辑建构主义者。如果这样一种论证成功了，他们只会对你切换逻辑。

看看那些没有注意到这个建议的人发生了什么。在《实验室生活》第二版（1986 年）的附言中，拉图尔和伍尔加讨论了蒂利（Tilley 1981）的一个论证，大意是，在第一版中出现的人类学数据支持一种波普尔的科学哲学，而不是作者所拥护的建构主义。现在，拉图尔和伍尔加并没有清晰而又明确地支持逻辑建构主义。但是，他们同样也没有清晰而又明确地支持其他任何主义。我们在第四章中看到，他们有时会把自己当成工具主义的建构主义者，有时又把自己当成强建构主义者。在给蒂利的答复中，他们也展示出一种逻辑建构主义的外在痕迹。蒂利的论证是否成功并不是争论的焦点。重点是，他使用了与拉图尔和伍尔加**相同的逻辑**。拉图尔和伍尔加主张，解释针对实验室生活的人类学数据的最佳方法就是一个建构主义的论题；蒂利认为，对同一人类学数据的最佳解释方法是波普尔的科学哲学。双方均诉诸最佳解释的推论规则。那么，拉图尔和伍尔加如何回应蒂利的挑战呢？不论是有说服力的或是任意的，人们可能已经预料到他们会否认波普尔的科学哲学**是**更好的解释。但他们对蒂利解释中所提出的任何不足并没有说什么。事实上，他们称之为"貌似有理的"（281）。他们所说的是：

> 蒂利表明，我们所掌握的资源不足以迫使我们的特定解释优先于其他任何解释。在几乎没有成本的情况下，蒂利已经能够产生与我们预期的完全相反的解释。

（281）

简而言之，他们甚至没有**试图**去反驳蒂利的论证。他们对其放任不管。但他们同样也不会缴械投降。事实上，他们只是以他们的视角来解释蒂利的 *123* 成功。他们说："我们输了，而且我们的假设可以解释为什么我们输了。"他们不会因为蒂利的证明而感受到任何压力来放弃他们的观点。他们甚至没有感受到任何压力来**辩护**他们的观点。这可能是人们非常期望从逻辑建构主义者那里得到的，逻辑建构主义者将其对手的论辩胜利视为是一个经过协商的，因而不具有约束力的逻辑规则之下的成功。

对于这样的一种做法我们要说些什么呢？从逻辑建构主义者自身的角度来看，这更像是在下一盘国际象棋，然后，当事情开始变得糟糕的时候，提醒你的对手，游戏的规则是可协商的，并且，如果你和她所遵循的是不同的下棋规则，**你可能会**是领先的一方。这无疑是十分糟糕的。但它在认识意义上是无可指摘的。蒂利在浪费他的时间。一个反对逻辑建构主义/非理性主义的好论证像是一个脱离了轴承的车轮。它保持现状不变。

你会怎么来指摘非理性主义者呢？非理性的吗？打败逻辑建构主义者的唯一办法就是向他们开枪。

但是，这并不是说逻辑建构主义获胜了。毕竟，存在着无限多的认识立场，它们均具有免于批判的属性。例如，蒙蒂·皮桑尼斯科（Monty Pythonesque）的话语逻辑规定了，无论你的对话者说什么，你都应该否定他。如果他们声称你自身是互相矛盾的，那么直接可以给出的回答是"不，我没有"。如果他们注意到你说了"P"，然后又说了"非P"，你的回答应该是"不，我没有"。没有任何一种方法可以让这种逻辑的追随者承认被打败。有无数多的此类愚蠢的游戏。逻辑建构主义的不可战胜性本身并没有什么特别之处。此外，如果逻辑建构主义者完全专注的是将理性主义者纳入己方阵营，那么他们将不得不提出一个反对成功的理性主义的论证。从他们自己的角度来看，他们将不得不下一盘国际象棋，并最终获胜。我认为，反对逻辑建构主义的论证没有任何说服力。**对于**逻辑建构主义而言，同样也存在这样一个有说服力的论证，这一点根本就没那么显而易见。但是，说这个论证不存在也不明显。或许从理性主义的假设中衍生出的一个困境可以被算作一种理性主义的反证法。我们将在第十七章中再次探究这种类型的话题。

即使逻辑建构主义有一个有效的论证，它仍不能构成逻辑建构主义者所能欢呼的那种胜利，除非他们的论题能与一种完全的非理性主义相区别。否则，这将会是非理性主义的一次胜利。需要再次说明的是，说非理性主义者不能称自己为逻辑建构主义者是没有理由的。但是同样地，说非理性主义者不能称自己为他们想要自称的任何东西也是没有理由的。关于非理性主义，没有什么东西是特别**建构**而成的。

究竟哪一个策略为我们给读者提供该难题的解决方案呢？逻辑建构主义者能够否定强建构主义吗？他们当然可以。如果逻辑建构主义还原为非理性主义，并且如果非理性主义者可以否定或肯定任何他们想要否定或肯定的东西，那么逻辑建构主义者就能够否定——或肯定——强建构主义。

15. 相对主义

在第一章中，我强调了建构主义与相对主义不是同一回事这一事实。 然而，这两种理论之间存在着逻辑联系。我们已经看到了这样的一些联系。第十二章的内容是，强建构主义（以及其他不合理的建构主义形式）完全站不住脚，除非它能获得本体论相对主义的支持。值得注意的是，相对主义和强建构主义一样，与逻辑的命运有关。两个社会的困境促使强建构主义诉诸相对主义，它所带有的相似之物以同样的方式影响着逻辑建构主义：如果逻辑是在社会意义上得以建构的，那么当两个社会创造出两种不同的逻辑时会发生什么呢？我们不能因为其中一种可能会得出另一种是**无效**的这一结论，就简单地说它们都有效。这里要再次强调，通过相对化来摆脱困境是很有诱惑力的：如果 S1 建构了逻辑 L1，且 S2 建构了逻辑 L2，那么 L1 对 S1 来说是有效的，且 L2 对 S2 来说是有效的。但是，如果每一个社会都建构其自己的逻辑，那么任何有根据的信念就只能是相对于一个特定的社会而言的。这个论题就是**认识相对主义**（epistemic relativism）。

假设认识相对主义自身能够被辩护，那么上述这些似乎是对逻辑建构主义的两个社会的难题的充分回应。例如，对于世界的关系它没有产生另外的难题困扰本体论相对主义来捍卫强建构主义。它不会产生有关世界间关系（inter-world relations）的额外的困难，正是它们困扰着本体论相对主义对强建构主义的辩护。没有什么理由认为，不同逻辑的拥护者不能在同一世界共进午餐（尽管他们的谈话容易造成紧张）。但两个社会的困境当然不是逻辑建构主义要去面对的唯一难题。那么，逻辑建构主义坍塌为非理性主义会怎么样呢？在前面的章节中，我认为逻辑建构主义无法坚持被建构的逻辑，因为曾经协商过的东西总是可以**再协商**。其结果便是，在逻辑建构主义者的推理实践中不存在规范的约束，这意味着逻辑建构主义和非理性主义难以被区别开来。相对化的逻辑有效性也不太可能帮助解决

126 这一问题。对于认识相对主义者而言，"打破逻辑规则"可以被同化，从而将自己的忠诚从一个逻辑系统转换到另一个逻辑系统。这种范式转换并不妨碍相对主义者承认由他们目前所遵守的范式所施加的约束。人们可能会认为，这样的一种相对义务有助于把相对的逻辑建构主义者从非理性主义者中区分出来，而后者不承认任何推理的必要性。我不认为这样的一个论证可以起什么作用。相反的是，相对化的逻辑建构主义仍然允许在任何时间都可以转换到另一个逻辑体系中——并且如果每一个人都可以随意而为，那么对任何人的推理实践都不再有约束了。我们刚刚将"打破逻辑规则 L1"重新描述为"切换到另一种逻辑 L2"。

总而言之，对于逻辑建构主义者而言其方向并不清晰，即使他们能轻易地就获得认识相对主义。关于本体论相对主义的强建构主义也是如此：在第十一章和第十三章中提及的反对强建构主义的论证并不依赖对本体论相对主义的否定。但可以肯定的是，就像任何事物都可以进入哲学一样，如果它们**被剥夺**了其相对主义，那么这两种建构主义都将失去理由。然而，相对主义论题的融贯性从柏拉图（Plato 1961）到普特南（Putnam 1981，1983）接连被哲学家质疑。事实上，"（所有的）相对主义都是不一致的"（Putnam 1981：119），普特南将之视为"哲学家之间的老生常谈的东西"。这两种类型的建构主义者都有责任为这一责难提供辩护。

本章的其余部分专门讨论两种类型的相对主义的一致性或不一致性的表现。然而，我们不应忘记，相对主义不仅仅是建构主义的附属物。可能的情况是，如果你不拥护各种类型的相对主义，你就不可能成为一个建构主义者。但是你肯定可以是不拥护建构主义的任何一种类型的相对主义者（当然，假设你完全可以成为一个相对主义者）。确定相对主义的地位是一项重要的哲学任务，更不用说它对建构主义的影响。但是，正是因为相对主义的命运与建构主义的命运相互纠缠在一起，所以在本书中专门辟出一章讨论该问题。

我将专门处理反对相对主义的论证，以及由它们所产生的相对主义辩

护。**支持**相对主义的论证是怎么样的呢？社会学家和人类学家对相对主义做出的具体辩护是，他们的经验性研究揭示了大量丰富的实质性的、方法论上的观点的多样性。当然，这是一个不合理的推论。绝对主义自身并不能推衍出关于任何事情都会达成普遍共识。要想得到这个结果，你必须将绝对主义与每个人都是正确的这一立场结合起来。我所知道的仅有的其他支持相对主义的论证，是在巴恩斯和布鲁尔（Barnes and Bloor 1982）的强纲领宣言中发现的。具体包括：   *127*

> 1. 我们信念的社会因果关系（social causation）推衍出相对主义，以及
>
> 2. 绝对主义在没有保证任何哲学优势的情况下，提出一个比相对主义更强的主张。

第二章中已经讨论并否定了这些论证。现在让我们看看，如果相对主义有什么问题的话，是些什么问题。

哲学家对相对主义最基本的反对已经被持续压制了差不多数千年的时间。约瑟夫·马戈利斯（Joseph Margolis 1991）把这种特别的执拗当作怀疑的原因。他的书的一个重大主题就是，需要一次又一次地重述这些同样简单的论证，这就表明，这些论证未能一再地证实它们的结论，同时，绝对主义者的非进步性重复体现了一种对相对主义的神经质厌恶。我认为必须承认这样的情形是异常的：同样简单的论证持续不断地重复了数千年，每一次都好像它们是重要的哲学信息的承载者一样，这显然表明了**有人是神经质的**。但是，仅凭历史证据本身并不能告诉我们，究竟是绝对主义者还是相对主义者是病态的。对于某位还没有对相对主义的优点有任何看法的人来说，这些材料适用于任何一种解释。马戈利斯的观点是，绝对主义者是如此非理性地执着于他们自己的论题，以至于他们一再地重复同样无效的论证，并且无视这些论证从未达到其目标的事实。另一种观点认为，**相对主义者**是如此非理性地执着于**他们的**论题，以至于他们拒绝承认这些简单的论证能**起**作用，这需要无休止地重复显而易见的事情。让我为自己来做些申辩。我将要再次重述和支持传统的论证；但我相信，这种支持不是由反相对主义的偏见产生的。在进一步研究这个话题之前，我曾经

是一个相对主义者。我熟悉传统的论证，但总是假设必须对它们有一个适当的相对主义的反驳。相对主义最终可能会变得站不住脚，但它肯定会采取一个三步以上的论证来颠覆表明其自身具有持久吸引力的世界观。然而，经过一番反思后，我形成的看法是，三步论证给相对主义者留下来极少的逃离路径，而且这些路径很容易被封锁。这对我而言是一个惊喜。

为了便于阐述，我将首先主要分析认识相对主义的话题，然后，**加上必要的修正**，简要地说明如何来讲这个关于本体论相对主义的同样的故事。当我试图将传统的反相对主义的论证提炼为它们最简洁的形式时，我提出了两个同样简单的构想。第一个构想如下：如果接受（认识的）相对主义，那么我们就必须要指出，所有的假设只能相对于（比方说）一个范式而得以保证。但是，相对主义本身只能相对于一个范式而得以保证。因此，它不是简单地得以保证的。如果我们假设相对主义是被保证的，那么我们就会得出结论：它没有得到保证。因此，它没有得到保证。第二个论证从同一个地方开始（假设相对主义是被保证的），并且在同一个目的地（结论是：相对主义是不被保证的）结束，但经由不同的路线。再一次假设相对主义是被保证的。那么，对**某些**论题，也就是相对主义的论题的信念就是被保证的。但是，相对主义——**没有什么**是简单地被保证的这一论题——本身是未被保证的。因此，相对主义就是未被保证的。

这些论证很容易让人混淆起来，或者误将它们当作一个单独的论证。这些都是无害的混淆，因为它们在使用相同的资源时做了很多相同的工作。相对主义的朋友和敌人都会同意，它们具有相同程度的说服力。然而，需要说明的是，它们是不同的论证。我通过指出第一个论证中的关键一步是**普遍的实例化**（universal instantiation），即从"所有的假设只能相对于一个范式而被保证"到"相对主义只能相对于一个范式被保证"，而第二个论证中的关键一步是一个**存在性概括**（existential generalization），即从"相对主义是简单地被保证的"到"一些假设是简单地被保证"，从而把这两个论证区分开来。

上述关于反相对主义论证的描述在某个方面是不完整的。关于相对主义的论证在说谎者悖论中有其类似之处："这个句子为假"是真的这一假设导致了这样一个结论，即"这个句子为假"是错误的。在说谎者悖论的情形中，目标句子为假的这个结论失去了它的力量，因为这样的假设反过来会导致矛盾的结论，即这个句子为真。因此，我们压根没有结论——这是一个悖论。然而，在相对主义的可保证性这一情形中，相对主义是未被保证的这一假设不会产生任何矛盾的结论。因此，完整的论证如下：如果相对主义是被保证的，那么它就不是未被保证的；但是，如果它是未被保证的，那么便没有进一步的问题随之而来。因此，相对主义是未被保证的。

对这些类似的论证，有两个传统的相对主义者的回应——以及一个非传统的回应。迈兰德（Meiland）表明了传统的选择：

> 相对主义是自我反驳的……这是一个必须要被终结的神话。对于相对主义者而言，认为所有的学说都是相对为真以及相对主义不是相对为真而是绝对为真的这两种说**将**是不一致的。然而，谨慎的相对主义者不会也不需要这样说。他会说除了相对主义（或许是在元层面上的竞争对手）以外的所有学说都是相对为真，或相对为假，或者他会说他自己的相对主义学说也是相对为真。认为相对主义只是相对为真并不会产生不一致性。

（Meiland 1980，121）

在这一段中，迈兰德谈论关于真理的相对主义而不是关于合理的保证 *129* 的相对主义。但很明显，这两个构想所涉及话题是相同的。我将以相反的顺序来讨论迈兰德的两个相对主义反驳。第二个反驳可以被描述为对传统驳斥的友好协商的态度：如果你开始假设（认识的）相对主义是绝对被保证的，那么毫无疑问，相对主义就是绝对未被保证的。但是，相对主义者**不想**主张，他们的观点是绝对被保证的。他们很乐意说相对主义相对于某种范式而言是被保证的，并且他们承认绝对主义可能相对于其他范式而言是被保证的——或许可以如此声称。让我们把这种立场称为相对化的相对主义（relativistic relativism）。

对相对化的相对主义有两个标准的异议。第一个异议是，相对保证（或相对真理）的概念是寄生在绝对保证（或绝对真理）的概念上的。这种寄生现象应该遵循的是，你不能声称任何东西都有相对保证，除非你也愿意说有些东西有绝对保证。迈兰德（Meiland 1977）试图通过证明相对化的观念在不涉及相应的绝对观念时也可以被解释，从而为相对化的相对主义进行辩护。在评论这项研究的时候，西格尔（Siegel）指出：

> 这一点对迈兰德而言很重要，因为如果它能持续下去，那么它就将相对主义者从这样的指控，即她依赖绝对真理的概念来持有相对真理的概念中拯救出来，因此，她通过依赖一个她明确拒绝了的概念来反驳她自己的立场。

（1987：13）

西格尔继续驳斥迈兰德为相对化概念的独立性所做的辩护。但是，相对化的相对主义的最终处理并不会因西格尔的结论而处于危险之中：迈兰德错误地认为相对化的相对主义者需要担心寄生现象的问题。假使相对真理的概念不能在不涉及绝对真理的概念的情况下被定义。由此可见，你不能在没有绝对概念的情况下就**拥有**相对概念。但这并不是说，一个人涉及相对化概念的主张能够推衍存在绝对真理的结论。更普遍的是，概念的寄生现象并不能推衍出任何关于命题之间的逻辑关系，而这些关系又断言概念的实例出现或获得。如果 X 的一个定义特征为它是一个非 Y，那么 X 的概念就是寄生在 Y 的概念上。但这并不意味着对所有 X 的存在的信念使得你相信所有 Y 的存在。

尽管他试图证明相对真理的概念"不包括绝对真理的概念作为一个独特的部分"（1977：574），但迈兰德还是写了一些章节来表明他对这一事实的理解，即相对真理的概念是否在一定意义上包括绝对真理的概念，*130* 这并不**重要**。例如，他考察了以下寄生现象的指摘：

> 当我们谈论琼斯相信什么的时候，我们可能是在谈论琼斯相信什么**为真**——而且很显然关于琼斯相信什么是**绝对**为真的。如此看来，在没有诉诸绝对真理的概念的情况下，（普罗塔哥拉的）各种相对主义甚至无法得到阐明……相对主义应该完全避开绝对真理，而且据说这样做是不可能成功的。

（1977：578）

他指出，这项指摘并不奏效，因为：

相对主义者肯定会承认，有人**相信**一个陈述是绝对为真的。相对主义者只会否认这一信念本身是绝对为真的（尽管它可能是相对为真的——对于相信它的人来说为真），并因此也否认作为信念对象的陈述本身是绝对为真的。这里重要的一点是，在说明他的立场时，普罗塔哥拉式的相对主义者并不是说任何事都是绝对为真的；他只是允许一些人相信不同的陈述是绝对为真的。

（1977：579）

在这一段中，迈兰德无疑是正确的，他指出**使用**一个绝对真理的概念——甚至使用它来阐述相对真理的概念——不会让相对主义者**相信**任何事都是绝对为真的。那么人们不禁要问，为什么他在其他地方如此努力地证明，相对真理在不涉及绝对概念的情况下是可以被定义的。无论如何，反对相对化的相对主义的寄生现象论证没有达到目的。

相对化的相对主义的第二个异议是，在它试图逃避自我驳斥论证的时候，它被掏空了，致使它无法挑战绝对主义者的信念：

主张相对主义只对相对主义者而言是正确的，就等于不能和相对主义的反对者一起来争辩这个论题。

（Siegel 1987：24）

这里的想法是，相对主义对于相对主义者来说为真或是被保证的这个论题，绝对主义者既无意否认，也没有受到它的挑战。相对化的相对主义者试图通过主张比他们的假定对手少得多的简单的权宜之计来避免失败。可以肯定的是，**人们不能主张任何超过相对化的相对主义所允许的东西——**这个论题是绝对主义的真正对手。但是，如果相对主义者试图做出这一主张，那么他们会使自己再次承受自我驳斥的论证。为了规避这些论证的影响，相对主义者不能声称他们的认识策略优于绝对主义者的认识策略，除了他们自己的见解——而这同样不是绝对主义者需要去否定的东西。*131*

上述论证表明，相对主义者无力对绝对主义发起一次哲学攻击。这已经是一个重要的结果：**相对主义者没有反对绝对主义的理由。**但这还没有显示出绝对主义胜利了。如果要声称不只是一场平局，绝对主义者不得不提出一个具有说服力的相对化的相对主义者自我约束的批判。我认为普特南众多反相对主义的论证中有一个论证符合该要求。然而，普特南（1983）对该问题的呈现包含的一些创新之处，在我看来是不必要的论证。所以，虽然我承认我将要提出的想法是受他的文章启发，但我不会声称这与他的想法相同。无论如何，问题就在这里。相对化的相对主义者想要慷慨地断言他们自己的观点与他们的哲学对手，即绝对主义者的观点相等同。即便像西格尔这样激进的反相对主义者，似乎也愿意承认这一断言是融贯的。根据西格尔的说法，问题在于它太无力了，以致不能保证获得胜利：

> 如果相对主义者在相对主义意义上为相对主义进行辩护，那么她就会承认绝对主义有着相同的认知正当性……以及由此而出现的相对主义的非优越性，还有她对这一承诺的任意性……
>
> （1987：25）

但是，在宣布放弃对绝对保证的诉求之后，根本看不出来相对主义者可以声言以上所述的这种等同。他们宣称自己满足于仅仅肯定相对于相对主义的范式而言，相对主义才是被保证的。但是，这一被弱化主张在与相对主义是简单地被保证这一论题的比较中，它仍然要求太多。相对主义者不能**绝对地**宣称，相对于相对主义的范式而言，相对主义是被保证的。根据认识相对主义论题，相对化的主张本身只能相对于某种范式而被保证。

这种双重相对化已经问题重重。正如从柏拉图到普特南的反相对主义者已经注意到，相对主义的不断重述究竟意味着什么，我们对它的任何诠释几乎都不安全。但是问题当然并没有就此止步。我们再次发现自己正处于无限回溯的边缘。无论许多相对化在我们对相对主义的构想中如何被表现出来，由此所产生的表达似乎仍然是提出以下先验主张，即相对主义者没有资格被容纳。换句话说，似乎相对主义者无法提出**任何**方案来表达他们想要支持的论题。这一困难不能通过允许相对主义者使用无限长的句子来获得补救。假设我们认为相对主义者的意见状态，通过以下无限重复的
表达得以反映出来：

> "相对主义是相对于范式 S 而被保证的"，这一说法是相对于 S 得以保证的，"前述表达是相对于 S 才得以保证的"……

让我们用 {S8，R} 来简化这个臃肿的公式。现在，同样的困境可以在
{S8，R} 上出现。在绝不违背他们永不肯定任何事物这一意向的情况下，
相对主义者绝对无法肯定他们对 {S8，R} 的信念。如果他们想要保持
一种全面的相对主义，那么他们最多能声称的是他们对 {S8，R} 的信念
相对于他们自己的范式而言是得以保证的。也就是说，命题 {S8，R} 仍
然不能清晰地反映他们的意见状态。它仍然要求太多。如此看来，认识相
对主义者没有办法表达他们想说的东西。

　　该审查一下自我驳斥的第二条逃离路径了：将相对主义的论题从它自
己的范围排除出去。在认识相对主义的情形中，这相当于除了这个原则本
身，所有一切都只是相对被保证的。让我们称这个立场为**绝对（认识）
相对主义**。绝对相对主义的对立面——其观点是，避免任意的绝对主义的
主张——称为**完全相对主义**。现在，除非绝对相对主义是一个空洞而没有
说服力的假设，否则就要求相对主义者能够提出有利于自己的关注点。这
种能力只能通过排除超过相对主义本身的论题来获得。绝对相对主义者需
要承认，完备的哲学体系的绝对可靠性为他们的观点提供了一个合宜的情
形。此外，不可表达性的问题不只困扰着一般的相对主义论题。对于有关
世界的任何一阶假设 X，完全相对主义者均无法主张，对 X 的信念是绝对
有保证的，或者主张对 X 的信念相对于 S 而言是有保证的，或者对于"X
是相对于 S 而得以保证的这一信念"的信念是相对于 S 才得以保证的，
等等。相对主义者不仅仅认为他们关于哲学的一般陈述是有问题的——
他们发现，表达自己对桌椅的具体意见时同样有问题。因此，绝对相对
主义者对绝对主义的让步必须得到延伸。他们不得不认为，关于世界的
一阶假设仅仅相对于范式而言是有保证的，但是像"对 X 的信念相对
于 S 是有保证的"的二阶假设可以被绝对保证。事实上，他们不需要说
得如此确切。他们可以选择持有任何层级的相对主义立场——甚至可能
是无限多的层级。但是，如果他们想要谈论世界，那么似乎他们不得不承
认，每一个关于世界的命题 P 都有一些像{S1，{S2，…{Sn，P}…}}一样的
转换，它的相对化的程度足以使其得到绝对的保证。

　　从完全相对主义到绝对相对主义这一策略，标准的绝对主义的回应就
意味着，新学说以其新奇之处的巨大代价获得了融贯性和可表达性。事实

133 上，绝对相对主义根本不是相对主义。它是绝对主义的一种形式。绝对相对主义者和传统的绝对主义者仅仅在什么是绝对被保证，什么是绝不会被保证的细节方面存有分歧。毫无疑问，新颖之处的减少是相当可观的。然而，如果绝对相对主义被证明是（绝对）得以保证的，那么它将为我们提供一个关于我们生活世界的深刻见解。我们会学到一个重要的教训，即世界向不同但同样理性的研究者展示了不同的面孔。这一假设仍然有力地招致更多传统的绝对主义者的愤怒。例如，拉里·劳丹在《超越实证主义与相对主义》（*Beyond Positivism and Relativism*，1996）一书中努力超越的相对主义似乎包含了绝对相对主义。

然而，在目前情况下，最重要的一点是，这种相对主义的修正使它对于为逻辑建构主义而改善的目的变得毫无用处。绝对相对主义不能帮助逻辑建构主义者解决他们的两个社会的难题。这里的问题是，当 S1 和 S2 建构了不相容的 L1 和 L2 两种逻辑时，究竟在表达着什么。通过一种成熟的认识相对主义所形成的解决方案是这样的，L1 对 S1 来说是有效的，并且 L2 对 S2 来说是有效的。然而，根据绝对相对主义者，有一些假设是我们绝对有理由相信的。但是，必须要存在我们绝对有理由采用的那种推理规则才行，否则我们永远都无法得到一个绝对有理由的意见。这个原则可能有些粗糙、原始，就像你可以从无效前提中有效地推断出一些事实 X 这个规则一样。但是，任何绝对规则的存在都蕴含着逻辑建构主义为假。因此，尽管绝对相对主义绝不缺乏其重要意义，但对于当前的目的来说是不充分的。不管怎样，这不是相对主义。

现在，让我们来看看古德曼的本体论相对主义。普特南（Putnam 1983）的不可表达性论证的研究工作是否反对古德曼的论题呢？普特南在他的阐释中并没有指向本体论相对主义本身。但有一个有趣的文本证据，大意是，普特南必须把古德曼的论题视为属于他的论证范围之内。在他的讨论中，普特南指出，他的论证指摘相对主义犯了与方法论的唯我论一样的错误，后者认为我们每个人都是根据自己的经验来建构世界的（Putnam 1983：236）。一年后，古德曼明确将他自己的立场与方法论的唯我论立场**相比较**（1996b：153——最初发表于 1984 年）。在这一讨论的语境中，两位哲学家都没有提及对方，这是一个令人惊讶的事实。这些哈佛的同事们在评论彼此的研究工作有着悠久的历史。很难想象，普特南没有明确地表达这样的想法——他的方法论的唯我论论证适用于古德曼的相对主义；不可思议的是，在写了一年之后，古德曼对普特南在相对主义和唯我论之间做出的类比一无所知。如果古德曼认识到他的立场**是**类似于唯我论的立场，那么人们就会认为，他会试图转向普特南的批判了。但是，他只字未提。

不管怎样，那个丢失的反对本体论相对主义的普特南式的论证是很容 *134*
易重构的。当社会 S1 建构了事实 X，并且社会 S2 建构了反事实非 X，古德曼想说，X 在世界 W1 里为真，并且非 X 在世界 W2 里为真。但是关于 X 在世界 W1 里为真的这一事实又如何呢？这一事实只在一个世界里为真，还是在所有的世界里都为真呢？是否存在一些世界，其中的居民能正确地判断 X 在世界 W1 里**不为真**呢？如果我们肯定地回答最后一个问题，那么我们就不能**仅仅**说 X 在世界 W1 里为真。我们最多只能说，"X 在 W1 里为真"在 W1 里为真（也许在其他一些世界里也是如此）。但是，这是对认识相对主义的普特南式批判所遇到的相同回溯的第一步。要再一次说明的是，相对化的数量再多——甚至即使是无限多数量，都无法削弱这一主张使其处于彻底的本体论相对主义的范围之内。还有，如果我们否定回溯——如果我们允许 X **仅仅**在 W1 里为真——那么就存在关于宇宙的跨世界事实（transworld facts）且这些事实必须得到所有世界的居民的认可——也就是 X 在 W1 里为真。但这就是说，本体论相对主义为假。因此，本体论相对主义要么是不可表达的，要么为假。

这一论证迫使古德曼承认，存在一些跨世界事实——这样的让步类似于一种从相对化的认识相对主义到绝对化的认识相对主义两者之间的强行推进。但是，因为被剥去了一种坚定的完全本体论相对主义的防护罩，**强建构主义**的论题再也无法维持下去了——就像逻辑建构主义无法通过绝对的认识相对主义来维持一样。如果"X 在 W1 里为真"是一个跨世界事实，那么就没有社会可以来建构"X 在 W1 里不为真"这一事实——并且这在第十二章里被证明，如果没有备选（candidate）事实可以被建构，那么强建构主义为假。因此，强建构主义为假。

让我们来概括一下认识相对主义和本体论相对主义之间的论辩情景。

根本问题在于，你不能**只是**说相对主义为真（或者被保证的），因为相对主义蕴含着"没有什么是**只**为真的（或者被保证的）"这一原则。绝对化的相对主义试图通过弱化相对主义论题——特别是通过承认相对主义允许某些事情为真——来解决这个问题。相对化的相对主义试图通过弱化论题的**认识地位**——具体而言，就是通过从"相对主义为真"到"相对主义相对于 p 而言为真"——来解决这个问题。这两种策略都失败了。相对化的相对主义失败了，其原因在于它是不可表达的；而绝对化的相对主义失败了，因为它不再是相对主义——对于建构主义者来说，它甚至都不具有足够的相对化，以至于对建构主义者没有任何用处。

几乎所有的作者在两种相对主义的论题上都具有共同的推定，即这两种策略——绝对化的相对主义和相对化的相对主义——穷尽了相对主义者的选择。但似乎约瑟夫·马戈利斯（1991）为相对主义者提出了第三种选择：从站不住脚的"相对主义为真"到"相对主义是**似真**（truish，这个词是我发明的)的"，"似真"是第三种真值，它共享了一些在认识上值得称赞的"真"的品质，同时又避免了它的一些更令人厌恶的责任。一方面，说相对主义是似真的是为了称赞它的认识上的优点；另一方面，这并不等于说不融贯的论证可以通过。例如，当相对主义的真理与相对主义者自身"没有什么为真"的主张相冲突时，相对主义是似真的这一较弱的建议与没有什么为真的主张是一致的。

那么，一些事物似真到底是什么意思呢？不幸的是，马戈利斯没有告诉我们。他满足于自己以这样的方式来主张，我们**可能**会提出一种非标准的多值逻辑，其中，一种并非弄巧成拙的相对主义**可能**会被构想出来。我们之前已经看过这一做法——在哈金为强建构主义者谈论时间时的明显不融贯性所做的辩解中。哈金声称，"我们语言的语法"是有错误的："我们特有的语法深深地影响着我们持有的永恒的事实观"（Hacking 1988：282）。实际上，马戈利斯提出了类似的主张，即我们习惯性的二阶逻辑使我们习惯于绝对主义的真理观。

现在我不想说，这就是在任何情况下，都要采取的一个荒谬或难以想象的做法。但我也不能忘记，否定逻辑是一种使人摆脱一切概念上困难的简单方法。面对这样一种回应的时候，我想说的是：好的，让我们来看看更好的逻辑是什么样的。哈金和马戈利斯都没有遇到合意的逻辑。他们都满足于最宽泛的纲领性声明。哈金向我们保证，一个关于遥远过去的事实是最近被建构而成的这一说法是正确的；马戈利斯向我们保证，我们既可以说相对主义不为真，但同样也可以说它不为假。在这两种情况下，这些可供选择的逻辑的孤立碎片，并没有给我们提供什么线索来告诉我们如何回答有关时间或真理的各种进一步的问题。哈金的评注没有告诉我们，当 t0 时的一个事件是在 t1 时被建构并在 t2 时被解构时，我们会说什么。马戈利斯的评注也没有告诉我们，为什么我们不能说，当相对主义可能似真的时候，"相对主义是似真的"这一元主张为**真**，进而导致同样的不融贯的论证再次出现。也许有一些可行的逻辑，使得这样的做法不被允许。但是，仅仅通过指出可能还有其他的方法可以回应这一困难，这并不算作是解决困难。马戈利斯说，当所有人都以为游戏已经结束的时候，非标准的逻辑策略给了相对主义阵营"另一局比赛"。也许是这样。但这是一个任何阵营永远都可以得到的赛局。如果你质疑逻辑，那么游戏永远不会结束。仅仅得到这些额外的结果根本不值得一提。当有人走进击球位置挥动球棒的时候，这个游戏才变得有趣起来。

16. 语义建构主义

　　很多自称"建构主义者"的人赞同这样一个口号——"自然在我们的认识决策中不起作用"。然而，这个口号会有各种各样的解释。前几章在很大程度上是对建构主义的口号做一个注释，即形而上学的主张是，不存在未被建构的自然事实。另一个用同样的构想来实现的方法是说，自然对我们的认识决策不起作用，不是因为它不存在，而是因为在我们的认识决策的过程中没有利用它。例如，如果我们通过随机指定所有的假设分别为一个数字，并且只接受那些偶数位的假设，从而来决定我们相信什么，那么我们将会得到这样一种事态。许多建构主义者认为，事实上，我们的认识实践确实有这样的特征，即脱离世界上可能发生的或不可能发生的事情（Barnes 1982；Bloor 1983；Collins 1985）。

　　现在说我们的认识实践没有利用自然，也就是做了一个可能没什么知识论意义的历史主张而已。例如，如果我们固执地来玩接受偶数位假设的游戏，那么这一主张将会是正确的。但是，对这一事态的恰当反应不会使人变得像建构主义者那样——它将会革新我们的认识实践。然而，巴恩斯、布鲁尔和柯林斯都认为，**不能**将自然引入认识领域的讨论中。他们支持克里普克（Kripke 1982）的一个论证，大意是，句子没有决定性的真值条件。克里普克反过来把他的论证说成是对维特根斯坦（Wittgenstein 1953）的《哲学研究》主要内容的一个重构。其论证如下。

　　我想我已习得桌子是什么，并且我在将来能够正确地将"桌子"一词应用到无限多的事物。那么，假设我第一次去参观埃菲尔铁塔，在塔基处看到一张桌子，并将其识别为桌子。然而，我的同伴却提出了以下惊人的主张：根据**我自己过去的语言使用习惯**，这个被讨论的对象根本不是一张桌子——因为当我看着所有过去我称之为"桌子"的对象的实例，以及所有我否认有桌子性质的对象的实例时，我发现了（我的同伴主张）用"桌子"（table）指代的东西，我的意思是**桌椅**（tabair），"桌椅"指的是那张在埃菲尔铁塔塔基找不到的桌子，或者是被找到的椅子。至于我 *137* 将眼前的对象称为桌子这一当下倾向，她将其归于暂时的失常，可能是饮用过量的法国葡萄酒而导致的。我该如何向我的同伴解释呢？可以肯定的是，我对"桌子"一词使用的历史不支持她的假设，但也好过支持我自己的假设，即我总是用"桌子"一词来表示**桌子**。但在这里，我需要的不仅仅是一个平局。我怎样才能让我自己满意地确定"桌子"指的就是桌子呢？

显然，一个术语过去使用的历史本身并不能决定它在未来的应用路线。克里普克考察了关于可能存在的其他什么事实的各种假设，它们确立了"桌子"一词的含义，并且他发现这些假设都是有缺陷的。对我而言，详尽地检视这些论证是否具有说服力，这一点并不可行。我建议读者去看看克里普克异常清晰的文本。然而，这里只是一个所涉及的一些基本问题的大致情形。这样说显然不会有帮助，即我给"桌子"所指定的意义是由一个字面定义所决定的，因为那样只会把问题推到另一个地方：我的同伴可能会对定义中所使用的词语做出一些非标准的解释。如果说用"桌子"来意指**桌子**就是倾向于用"桌子"的名称来称呼桌子，而其他的东西则不能用"桌子"来称呼，那会怎么样呢？这个建议存在几个问题，其中之一是，我**没有**倾向于用"桌子"的名称来称呼桌子，而不是用桌子来称呼其他的东西。偶尔，天黑时分，我昏昏沉沉地醒来，我曾错误地把椅子识别为桌子。就意义的倾向性解释而言，不可能出现如此明显的错误。如果说，当我说"桌子"的时候，存在一种内省的经验，即一种特殊的感觉，它与我所意指的**桌子**相符合，且不同于我所意指的桌椅的话，那会怎么样呢？假设存在这样的经验。克里普克问道，我怎么能知道哪一种感觉是内省经验呢？或许，我所认为的意指**桌子**的感觉实际上就是意指**桌椅**的感觉。无奈之下，我可能会假定意义是非心理的、非行为的且独立存在的柏拉图意义的实体，并且通过命名合适的柏拉图意义上的理型（form），"桌子"意指**桌子**。当然，为了解释我用**桌子**意指"桌子"意味着什么，我需要补充一点，即当我说"桌子"的时候，我处于与**桌子**的理型而不是与其他的理型有特殊关系之中。但是，我怎么知道我所得到的这个理型是正确的呢？也许我所认为的**桌子**的理型实际上是**桌椅**的理型呢？诸如此类。

从这一分析中似乎可以得出，至于我用"桌子"来意指**桌子**还是**桌椅**，根本不存在相应的事实。由于这一困境是完全普遍的，那么进一步可以得出，**句子没有确定的经验内容**。如果这个结论是正确的，那么事实就是如此，在决定我们要接受哪些句子的时候，自然不能起作用。我把这个学说称为**语义建构主义**，目的在于强调，像形而上学建构主义一样，它是一种解释一般的建构主义口号（"自然不起作用"）的方法。更确切地说，语义建构主义是这样一种观点，即在我们应该接受哪些句子为真这个问题

上，自然并没有对其设定任何规范的约束。巴恩斯、布鲁尔以及柯林斯都是建立在克里普克的结论——"句子没有确定的经验内容"——基础之上的语义建构主义者。但是，"句子没有经验内容"这一论题并不是我对语义建构主义定义的一部分。事实上，稍后我将要讨论一个关于语义建构主义的论证，它允许句子**可能具有**确定的经验内容。但这不是巴恩斯等人的论证。直到我确实给出另一个论证的时候，我将用"语义建构主义"来不加区别地指称更一般的论题，即在我们应该接受什么为真这一点上，自然并没有对其设定任何规范的约束；或者指称更具体的论题，即因为句子没有确定的经验内容才会如此。

如果自然对要接受的东西不设定任何约束，那么是什么决定了哪些假设要被接受呢？根据语义建构主义者的观点，只存在另一种可能性：社会协商。巴恩斯等人写到，似乎所有推定性事实的协商属性都是语义建构主义的直接的必然结论。但是，至少表面看来，我们有可能成为一个语义建构主义者，并且为我们的认识实践提供一种不同的解释。如果自然在我们的认识决策中不起作用，那么也许这些决策是完全随机的，或者它们是凭神力（或魔力）决定的。因此，即使克里普克的论证成立，那些想要成为**社会**建构论者的语义建构主义者还是欠我们另一个论证。不过，还是让我们先从语义建构主义开始吧。

通过对比语义建构主义和其他相关的论题开始，显然是有帮助的。当

然，语义建构主义主要是和**形而上学建构主义**进行对比，后者包括强建构主义和科学建构主义，它们是目前为止我的主要关注点。与形而上学建构主义不同的是，语义建构主义不是一种本体论论题。它并不主张不存在独立的世界。它主张的是，语言的本质阻碍了我们在认识实践中利用这个独立的世界。这听起来十分像**怀疑主义**。事实上，它可以被恰当地视为一种怀疑主义形式，只要人们理解这是一种与传统的怀疑主义形式显著不同的形式，且比它更为极端就可以了。传统的怀疑主义者担忧如何为我们接受假设而辩护。只要他们能够说服自己，接受一些假设而不进行任何辩护是合理的，那么他们的担忧就会被搁置起来。对于语义建构主义者而言，这个问题更为根本。根据语义建构主义者的观点，即使你想，你也不能做出任何假设。可以肯定的是，你可以选择一些句子，并且用一种受到特别优待的方式来对待它们。但是这些句子并不代表关于世界的实质性假设，因为句子没有言说关于这个世界的任何东西。

语义建构主义比奎因式**整体论**（Quinean holism）更为极端（Quine 1951）。这两个原则都蕴含着任何句子"无论如何"都可以被视为真。但语义建构主义更进一步。整体论是一个有关将经验内容**指派给**个别句子的理论，而语义建构主义的论题则是：没有经验内容可以指派。和语义建构主义者一样，奎因否认个别句子具有一个确定的经验内容。不过，他显然愿意将一个确定的经验内容归于一个完整的、公认的句子系统。根据奎因的观点，事实证明了这一点，即我们应该知道，当我们的整个信念系统在某种程度上被违背的时候，就需要对系统做出一些调整。只是我们在如何做出调整这一问题上有广泛的行动自由。如果语义建构主义是正确的，那么是否需要在我们的信念网络中做出调整的事情，就与事实无关。无论是做出调整的决定——或者是不做出调整的决定，都完全符合惯例。

139

在对巴恩斯、布鲁尔和柯林斯的论题进行批判性考察之前，值得一提的是，他们都表达了与他们的语义建构主义不太相符的其他观点。例如，巴恩斯和布鲁尔的**认识相对主义**就像他们的语义建构主义一样出名（或不出名）。不过，这两种学说之间存在一种张力。否认这两种主张——句子具有确定的真值，且我们有时候（绝对地）有理由相信他们——自然也是有意义的。无论是否定语义建构主义，还是肯定认识相对主义都是可行的（或者更确切地说，如果认识相对主义本身并非站不住脚的，这就是可行的）。持这种观点的人会主张句子有明确的意义，但不存在绝对的理由来相信它们中的任何一个。他们甚至可能肯定句子没有意义，并持有一种绝对主义者的知识观念。或许，诉诸默会知识能够起作用：句子没有意义，但是我们默会的非语言的期望有时是绝对正确的。但是一个人怎么可能同时既断言句子没有意义，又声称我们的信念相对于一个范式而言是有理由或者是没有理由的呢？这里诉诸默会知识更加问题重重，原因在于这样的看法——任一信念既可以当下是默会的，同时又相对于一个系统才为真——是一种矛盾修辞。无论如何，巴恩斯和布鲁尔所讨论的相对主义是一种关于**句子**合理性的理论。然而，他们的语义建构主义完全破坏了针对句子的相对主义/绝对主义话题。语义建构主义者可能会说，对句子的相信有可能是随性而为，或者它们根本没有什么可信之处。但是，如果句子没有明确的意义，那么也就没有对句子的信念是绝对有保证的，还是仅仅相对于一个系统而言是有保证的这一话题了。

在柯林斯看来，他正确地将语义建构主义的推理路线描述为导致彻底的约定主义（conventionalism）：由我们来**决定**哪些句子是真的。他明确承认了这一点，并且斥责巴恩斯从这一激进的结论到论证一直犹豫不决（Collins 1985：172-3）。但是对于促进科学进步的条件，他同样也有话要说（160）。从一种坚定的约定主义者的观点来看，我们难以判定哪些科学的变化可以被看作进步的。毕竟，难道不是每一个科学变化的实例都只是用一个约定取代另一个约定吗？如果我们同意把进步的改变看作令人满意的，那么我们为什么不直接同意它的发生呢？柯林斯思想中的这种不协调，在他的书的最后表现得最为明显：

> 当我们想要了解自然世界的时候，职业科学家是我们必须要求助的专家。然而科学这门职业，不能承担来自我们肩上的政治、法律、道德以及技术决策的责任。它只能提供必要的、最好的建议。任何有甚于此的要求，就是要冒着对科学的普遍幻灭及其毁灭性后果的风险。
> （167）

一个语义建构主义者可能会恰当地宣称，由科学所提供的建议**与任何有必**

要的建议**一样好**。但是"最好的建议"是什么样的呢？

那么柯林斯是如何论证约定主义的呢？其论证是：概念没有确定的范围（这是克里普克的观点），因此，我们不能通过诉诸普遍的意义来解释我们协调一致的语言实践——这种协调必须经过协商。芬恩·科林（Finn Collin 1993）对此论证的反驳如下：如果说我们的语言实践是协调一致的，那就是把它们归类到"协调一致的"概念的实例中去。但是，如果概念没有确定的范围，那么就不存在关于我们的语言实践**是**否协调一致这一问题的事实。哈里·柯林斯解决协调难题的方案有个缺陷——如果他是正确的，那么就没有难题需要解决了。因此，这不可能是正确的解决难题的方案。相反，如果**存在**一个难题——如果确有必要解释人们是如何设法"以同样的方式继续前进"的，那么一个确定的事实就会是，人们**确实**以同样的方式继续前进。这样的话，柯林斯就又错了。

芬恩·科林认为这个论证是对"概念没有确定的范围"这一假设的反证法（1993：40）。但是这一看法又言过其实了。让我们来回顾一下哈里·柯林斯的思路：他给出了克里普克式的论证，得出"自然对我们的认识实践不起作用"这一结论，然后补充道，只有协商才能解释这些认识实践。芬恩·科林的论证表明，最后的补充为语义建构主义的假说所破坏，即它旨在补充说明：如果语义建构主义被接受了，那么就不存在可解释的确定的"认识实践"。语义建构主义者不轻信任何像对我们的认知实践进行社会学分析那样有建设性的东西。在这章的后面，我将会论证，语义建构主义的论证就是非理性主义的论证。这里的关键在于，尽管芬恩·科林的论证反驳了哈里·柯林斯的社会学补充分析，但它却未曾触及语义建构主义的论证。

那么克里普克式的论证本身如何呢？应该说它是一个有力的论证，但 *141* 又不是一个能够完全令人信服的论证。首先，有些哲学家认为克里普克并没有应对所有现存的解决怀疑论悖论的方法。例如，博格西昂（Boghossian 1989）主张克里普克式的论证无法排除这种可能性，即我用"桌子"一词来意指**桌子**，这是一种不可分析的状态，不能被还原为任何经验或行为倾向。更为重要的是，即使没有针对桌子（或桌椅）的意义的无可辩驳的解释，这一论证也不能完全让人信服——因为论证的形式**确保**它将没有最终定论。克里普克通过考察他和其他人所能够想到的所有备选的解决方案，并且论证了这些解决方案都不可行，从而为"没有解决意义难题的方案"这一主张辩护。显然，这并不能排除这样的可能性，即存在一种尚未被考察的备选解决方案，而它最后被证明是可行的。即使承认没有人能够提出解决方案，也不能毫无疑问地确信语词没有意义。毕竟，没有理由相信，人类的认知器官能够发现，并且理解每一个难题的解决方法都**有**一个解决方法。事实上，麦金（McGinn 1989）曾强烈要求我们采取心身难题这条路线。众所周知，所有现存的关于心身关系的理论都深陷概念的泥潭。麦金认为，解决这个难题超出了人类的能力范围。事实上，他认为对心身关系的正确解释完全可以是自然主义的，并且**仍**不能为人类心智所发现。同样，克里普克难题的所有解决方案的失败可能是由于没有找到解决方案这一事实，或者是这样的解决方案超出了人类的知识范围这一事实。

有人可能会反对，人们总是可以采取这一进路来挽救一个受人喜爱的论题。但情况并非如此。当论证试图通过消除所有可能的竞争对手来建立一个论题的时候，麦金的反驳就可资利用。这样一种通过消除而展开的论证（an argument by elimination）总是包含一种逻辑上的可能性，即存在另一个还没有进行驳斥的竞争对手——它尚未被提起或不为人类心智所想象。不过并不是所有的论证都有这样的结构。例如，我们有时支持一个论题，是通过声称它为一些原则所暗含着，而这些原则又是我们试图说服的人坚决接受的。麦金的反驳没有采用如此直接的证明。下面，我将立即为语义建构主义的这一论题提供这类直接证明。我之所以不提出这种论证，因为我认为克里普克式的论证失败了。与之相反，我又认为克里普克式的论证具有极大的说服力。但是，由于消除了麦金反驳的可行性，对同一个论题的直接证明使得语义建构主义更为强大。其论证如下。

假设句子**确实**具有完全确定的经验内容。而且，假设我们都知道这些经验内容是什么。这些不是论证的必要前提——它们对"能够提出论证"的反对观点做出了让步。（如果我们从奎因的整体论假设出发，那么这个论证做出细微变化之后的形式同样会做出让步。）现在假设句子 P 处于我的信念集合之中，且 P 被证明并不成立。那么，可能会发生以下两种情况之一：我可以放弃我对 P 的信念，或者我可以改变 P 的经验输入。例如，如果我相信所有的天鹅都是白色的，而我遇到了一只黑色的天鹅，那么我可以不再相信所有的天鹅都是白色的，或者我可以改变我附加给"天鹅"的外延，以使"所有的天鹅都是白色的"这一真理得以保留。两种选择**必须**都是有效的，这一点由以下这样一个事实所证明，即我首先必须要**习得**"天鹅"一词的外延。当我们在学习一门语言的时候，经常出现这样的情况：我们必须要在——将一个句子看作被否证的，或改变我们概念的外延——之间做出一个选择。在我第一个概念争议有可能涉及的内容中，我曾激烈地为蘑菇是一种肉辩护。

我们如何决定采取哪一条路线呢？这一讨论出现在弗雷德·德雷茨基（Fred Dretske）为心理内容的因果理论辩护的过程中。根据德雷茨基的观点，我们必须区分我们与语言的关系的两个阶段：在**学习情境**阶段（the learning situation），我们获得概念；在**后学习情境**阶段（the post-learning situation），我们使用具有固定外延的概念（Dretske 1981：194-5）。现在，假设我们相信所有的天鹅都是白色的，并且我们遇到的似乎是一只黑色的天鹅。如果我们处在后学习情境阶段，那么我们认为这意味着我们必须放弃我们对天鹅普遍是白色的信念；然而，如果我们处在学习情境阶段，那么我们会修正"天鹅"一词的概念（或者是可想而知的"白色"概念）。毫无疑问，这些观察结果具有一种粗略的有效性：这多少会发生点什么。但它们很难被认为是这个难题的原则性解决方案。正如福多（Fodor）所指出的：

> 学习情境阶段发生的事情和后学习情境阶段发生的事情，这两者间的区别确实不是原则性的；人们对符号的使用不再仅仅根据情境被形塑，而是开始郑重地如其所是地使用，在此之后就不存在时间上的区别了。

（Fodor 1987：103）

那么，是什么决定了我们将采取哪一条路线呢？为什么我关于蘑菇的论证失败了呢？我们想说，这就像是争论双方之间的地位差异，结果是，其中一方被分配给教师的角色，另一方则被降格为学习者的角色——简言之，这是一个社会协商的过程。我们无须说——诉诸神性或魔力的干预在逻辑上仍然可资利用的。不过有一件事可以肯定：独立的自然属性搞不定这个话题。"所有的天鹅都是白色的"**具有**确定的经验内容，这一事实无关紧要。实际上，在阐释我们认为某些句子为真的过程中，经验内容在这样一幅图景中就不起什么作用了。一旦**给定**我们的概念的一系列外延，之后对于哪些句子为真这样的问题就会有其相应的事实。但是外延从来没有——也永远不可能——在必要的意义上"被给定"。不可能有持续遵循任何一组外延的认识的冲动。如果有，那我们就永远不能习得这些外延最初应该是什么样的，因为概念的习得是对这些外延进行不断修正的一个过程。其必然结果就是，捍卫某个概念的备选外延不是一种认识错误。例如，宣称鲸鱼是鱼的假设在认识上是允许的。最坏的情况也不过是表明，这只是一个失败的命题。但也不能够声称，"在当前外延下，鲸鱼是鱼"的说法是一个认识错误，因为"当前外延"的外延也有待商榷。弗洛伊德声称存在无意识的心理过程，这为我们提供了这种可能性在历史上的例子：弗洛伊德知道，根据当时主流的认识，这一主张是自相矛盾的，但无论如何他都这么说了，并且他没有因为这样说而犯有任何认识上的错误（详见第十三章）。我们可能捍卫的概念修正没有原则上的限制。我们也可以主张树是鱼，或者无意识的心理过程是鱼，或者根本没有鱼。显而易见的是，这些独立的自然属性，即使它们存在，也无力强制要求我们接受哪些句子为真。

让我们来对前面进行的语义建构主义的论证与巴恩斯—布鲁尔—柯林斯的论证这两者之间的区别来做一检视。巴恩斯**等人**主张概念没有外延，因此，我们每次都得重新决定一个假定的概念 C 的实例是否应被视为一个实际的 C 实例。我承认 C 具有确定的外延，但是我主张我们**仍然**每次都得重新决定所假定的 C 是否就是实际的 C。其中的缘由是，我们永远都面临着这样的选择：是保持外延不变呢，还是为适应假定的实例而改变它。你无法避免每次都得重新做出决定，而且任一选择每次在认识上都是无可指摘的。即使我知道我的语言老师想让我在针对备选对象天鹅或备选对象鱼的辨识这一事情上继续下去，但不存在什么认识上的考虑会迫使我去遵从他们的期望。对我而言，努力让我的另一种继续前进的方法变得盛行并不是一个认识的错误。

以下是另一种关于语义建构主义两种不同论证之间区别的描述。在与古德曼式相对主义的争论过程中，普特南写道：

> "你能告诉我一些我们没有做的事情吗？"对古德曼这一反问句的绝佳回答就是，我们没有使天狼星成为一颗恒星。我们不仅没有使天狼星成为木匠制作桌子这一意义上的一颗恒星，而且**我们也没有使它成为一颗恒星**。我们的祖先以及我们同时代的人（包括天体物理学家），在形塑和创造我们的语言时，创造了**恒星**这一概念，以及它部分约定俗成的界限，如此等等。而且那个概念**适用于**天狼星。

144

> （1996：183）

在这一段中，普特南预设了语义建构主义是错误的。对他来说，做出这一预设是合理的，因为在他与古德曼的分歧中，语义建构主义并没有出现问题。他们之间争论的问题是形而上学建构主义。但是，在阐述其观点的过程中，他有机会去否定克里普克关于语义建构主义论证的核心主张：巴恩斯等人绝不会同意，"我们的祖先以及我们同时代的人……创造了**恒星**这一概念，以及它部分约定俗成的界限"。巴恩斯等人不认为概念具有界限。当然，这会导致他们拒绝普特南的结论，即恒星的概念"**适用于**天狼星"。我对语义建构主义的论证是，即使我们的祖先**确实**创造了具有特定界限的**恒星**这一概念，也仍然不存在关于概念是否适用于天狼星这一问题的事实，因为它的持续应用依赖我们继续遵循祖先的决定。

语词的意义不是由自然所决定的，我是在辩护超出这一自明之理的什么东西吗？好吧，我正要指向这个自明之理中一个不太受重视的推论。隐藏在许多关于概念的哲学和心理学论述之下的基本看法，可以表述为它们的意义都是社会协商的结果，但是一旦协商结束，意义就固定下来了——在这之后，我们可以把它们看作独立的自然事实。这一观点在德雷茨基的学习情境与后学习情境的区别上得到了明确的解释。它也被普特南的无代词和非人称的习惯用语证实：恒星这一概念适用于天狼星（这与"我们认为恒星这一概念适用于天狼星，且随时可能停止这样做"相反）。协商的结果从不会像自然事实被固定的方式那样被固定。我们不能决定去改变独立的自然事实，但是协商的结果**总是**容易被重新协商。当有人坚持鲸鱼是鱼的时候，我们要么认为他是错误的，要么视其为一个概念上的创新者。采取哪一条路线取决于我们是否愿意赞同他。

可能会有人反对，在遵循我们祖先的概念界限与修改他们的概念界限之间，存在严重的非对称问题。可以肯定的是，被普遍接受的界限随时可以重新协商。但是保持外延不变是**默认**选项。这将会为我们把语言事实当作固定的自然事实这样的处理方式提供解释——以及辩解。恒星这一概念适用于天狼星，普特南的这个不合格的陈述将会是正确的说法，即使我们随时可以选择将天狼星排除在恒星的范围之外。我对这个反对意见有两个答复来回应。其中更为重要的一个回应是，这对我提出的语义建构主义的论证没有任何影响。一个选择是自动默认，而另一个选择则需要明确的干预，这一事实不会影响它们的同等适用性。无论是遵循被普遍接受的外延还是改变它们，它仍然是同样"正确的"。

第二个回应尽管不那么重要，但是它会产生一些有趣的观察结果。如果默认选择保持外延的固定，那么它之所以如此，是因为我们已经采取了一种策略。没有什么关于语言的固有的东西要求我们坚持这一策略。我们也可以采取一种相反的策略。比方说，考虑一下这个我称之为**占星术**的策略：当我们所接受的其中一个句子似乎被否证时，默认的选择就是自动调整概念的外延，以这样的方式，来保持那些句子的真。如果我们遵循占星学中的占星术策略，那么我们就不会放弃摩羯座都有一个独特的摩羯座个性（Capricornian Personality）这样一个观念，只是因为我们遇到了一个异常的情况。默认的选择是把每一次与摩羯座的相遇，都看作**摩羯座个性**这一概念界限的信息内涵。占星术时常遭到指摘，认为它实际上就是以这种方式运作的。但是这样一种策略，其本身在认识上是否应受谴责，这一点并不是显而易见的。事实上，可能这一策略遵循的是德雷茨基所谓的学习情境。当我们从什么都没有中获得一个概念库时，除了通过采用一种初步的假设，即专家的权威话语是正确的，并相应地调整我们的概念边界之外，可能没有别的方法了。

但是，如果我们能够像概念学习者那样遵循占星术策略，那么就不存在原则性的理由来解释，为什么我们不能永远继续这样做。这也许并非因为我们实际做了什么——而是我们实际可以做什么。我们可以玩一个语言游戏，其中有一个独立的句子来源，句子的真值被默认指定为"真"。这些语言游戏可能是在《圣经》中找到的句子，阿赞德人关于鸡的神谕（Azande chicken oracle）的判决，诸如此类。针对准则的任何明显的不一致都会被自动视为需要改变概念的界限。如果《圣经》中说所有的天鹅都是白色的，而我们遇到的似乎是一只黑色的天鹅，那么我们只需要改变"天鹅"（或者是"白色"）的外延。如果这一策略被普遍接受，那么它可能会导致每一个人都会赞同同一组句子，不管世界上发生了什么事。有人可能会反对，这样的游戏不应被视为一种**语言**：如果每个人都说同样的话而不管发生了什么，那么他们关于声音的行为与鸟的鸣叫相比，就不会更有语言的味道。然而事实并非如此。即使我们都遵循占星术策略，我们的言语行为（不同于鸟的鸣叫）仍然是完全带有约定性的。我们所说的话，可能是以一种无视世界上所发生的事情的方式而被固定的，但它并没有被固定在其固定物（fixity）上，同时人们也无法做任何事情**使得**它固定在其固定物上。放弃占星术策略的选择在任何时候都不会消失，也不能从我们身上将这样的选择剥夺。

实际上，遵循占星术策略就意味着处在德雷茨基的学习情境阶段。学 *146*习情境和后学习情境之间不存在原则性的区别，这一事实已经足以确保，遵循占星术策略是一种可行的且在认识上无可指摘的实践。当我们遵循占星术策略时，我们把自己看作永远的语言学习者，而不是语言专家。当然，没有什么能够阻止我们在任何时候指定自己为专家。但也没有什么能够迫使我们这样来指定自己。想象一个《蝇王》（*Lord-of-the-Flies*）的场景，其中所有的成人语言权威消失了，留下了一个儿童社会，他们指定自己为语言学习者。这似乎是合理的，至少在一段时间内，这个社会不会放弃任何从长辈那里接收来的观点。如果孩子们曾被告知，所有的叶子都是绿色的，那么，直到看到一片似乎是棕色的叶子时，他们具有"叶子"（或者是"绿色的"）的界限这一默认的结论才可能是错误的。最终，其中一些孩子无疑会指定他们自己为专家。这也就是说，他们会放弃占星术策略。但是我们当然不想这么说，在成为专家之前，这些孩子的实践并不构成一门语言。此外，语言学专家想要达到的发展程度显然没有时间限制。事实上，这种情况可能永远不会发生。因此，一个遵循默认占星术策略的共同体，仍然是在说一种语言。

本章一开始就指出，使语义建构主义和形而上学建构主义联系起来的是，它们都是对"自然在我们的认识决策中不起作用"这一口号的评注。如果坚持这个口号意味着那个促使一个人站到建构主义阵营的核心信念，那么相对于形而上学转向，赋予一个人的建构主义一种语义，就有很多东西可以谈了。语义建构主义在避免由形而上学论题产生的悖论时，接纳了这一口号。例如，按照古德曼的观点，为了解释 X 和非 X 由两个不同的社会所建构，没必要增加其他世界。我们可以这样说，每个社会对句子"X"都赋予一种不同的经验内容。类似的做法也避免了需要涉及多个时间线的精致模型来解释两个时期的难题。说"X 在 t1 被建构，且在 t2 被解构"，简言之就是，"X"的经验内容被改变。语义建构主义也有办法来解释杜衡非对称。改变句子的经验内容通常**是**一种杜衡策略：争论中的一方或另一方面对明显不一致的时候，为了保留这一有价值的论题，他们可能会被迫这么做。现在，关于语义建构主义的新论证允许句子**具有**经验内容——这只是我们被允许改变它们。因此，对这个问题有一个简单的回答：谁开创了杜衡策略？鉴于目前指派给假设的经验内容，答案就是假设被否证了的那一方。

所以，如果你想成为一个建构主义者，那么我推荐语义建构主义这种类型——更确切地说，如果它不像逻辑建构主义那样坍塌为非理性主义的话，那么我**会**推荐语义建构主义。我注意到，柯林斯正确地表明语义建构主义会导致彻底的约定主义：由我们来**决定**什么为真，什么为假。但最后，彻底的约定主义和逻辑建构主义是一回事，它反过来也会坍塌为非理性主义。在逻辑建构主义中，对于理论表达有哪些这个问题，非理性主义的认识约束的缺乏源自以下事实，即所有逻辑原则运用的机会差不多均等。现在，将经验内容指派给句子的这些规则，其本身就没什么逻辑原则。例如，其中的一条规则是，"雪是白色的"意味着雪是白色的。在我看来，语义建构主义就是这样一个论题，它主张**这些**原则是以完全相同的方式有着均等的机会：它们是可被协商的，因此我们可以随时打破其中任一条规则。因此，语义建构主义是逻辑建构主义的子题（subthesis）之一。

现在，一般的子题在逻辑上作为一个部分比全题（full thesis）要更弱一些。例如，最佳解释的推理规则随时可供选用，这也是一个逻辑建构主义的子题。如果你只采纳这部分的逻辑建构主义，那么你就不会成为一个疯狂的非理性主义者。你会成为一个有礼貌的、极其理性的有着巴斯·范弗拉森之名的科学哲学家。但是，如果你采纳了这部分的逻辑建构主义，即表明将真理条件指派给句子的这些规则能够被打破，那么你就会得到完整的逻辑建构主义。以下是理解这个观点的其中一种方法。如果语词的意义能够被**随意**改变，那么"和"的意义就能够被**随意**改变了，进而，你不能指摘那些为了所有的 X 和所有的 Y，想要从 X 中推断出"X 和 Y"的人。这一点实在很明显：**如果你可以随意改变语词的意义，那么你就可以随时说任何东西。**

我在第十四章中给出了逻辑建构主义导致非理性主义的一般论证，它与语义建构主义导致非理性主义的这一新论证之间有一个非常重要的区别：新论证的前件非常难被反驳。理性主义者不会感到因为那个更早的、更普遍的论证而受到威胁，因为他们根本不承认演绎原则的有效性是一个约定问题。但是谁能否认语词的意义是一个约定问题呢？语义建构主义的情形似乎只需要承认这一自明之理；而从语义建构主义到非理性主义的这一做法似乎也只需要同样令人信服的原则——约定可以被打破。

让我们来总结一下。我已经提出了一个论证，大意是语义建构主义为真；而另一个论证，大意为语义建构主义推衍出非理性主义。根据假言推理，似乎可以得出非理性主义为真。但是，情况自然不会如此简单。语义建构主义导致非理性主义这一论证不只揭示了前一个论题的未被怀疑的推衍。它也是前一个论题的**瓦解**。非理性主义作为一个实践，它避开了针 *148* 对我们所说内容的所有认识约束。因此，如果一个假设 X 导致了非理性主义，那么一个人拥护非 X 时，就具有与拥护 X 时一样多的理由。语义建构主义推衍出非理性主义，这就是对语义建构主义的一个批判，而不只是对它所造成的后果之一的揭示。

但是，如果没有人在语义建构主义的论证中找到错误，或者没有人在语义建构主义推衍出非理性主义的论证中找到错误呢？那是否意味着，为了成为非理性主义者而构造出了一个令人信服的情形呢？是否存在这样一个好论证来支持——或反对——非理性主义呢？

17. 非理性主义

有没有针对非理性主义的论证呢？有人可能会认为此类论证都是不合 理的，因为他们的支持者正在帮助他们获取他们没有资格获得的资源。他们拒绝逻辑的主张，因此，他们就丧失了使用逻辑论证来提高自己地位的权利。现在，很显然，理性主义者可以满意地声称，随便哪一个反对理性主义的论证**在非理性主义者看来**都不值一提。确实如此，因为非理性主义者不承认他们的推理实践中存在任何规范的约束。即使有人想到了一个巧妙的论证，似乎可以取消理性主义，但是人们也不会期待一个非理性主义者会说："我**认为**理性是不值得相信的——而且现在我有证据！"更确切地说，一个非理性主义者这样说的话，可能是根据这样一个事实，即非理性主义者随便什么样的话都会说。不过，对于一个非理性主义者而言，没有比说别的东西更合乎逻辑的理由了——因为非理性主义者根本没有合乎逻辑的理由。因此，理性主义者可能确实会让自己安心于以下情形，即非理性主义者正在进行着有说服力的尝试，而这些尝试对他们而言不具有规范的效力。

但是，这还不能使理性主义者摆脱困境。一个论证对于提出者不具效力这一事实，并不能推衍出它对接受者同样不具有效力。我们需要区分两种论辩的胜利：通过某人自己赢得论辩，以及通过其反对者而赢得论辩。当然，理想的情况是，人们希望两者兼得。但显然，当这两种认识截然不同的时候，双重胜利将会是遥不可及的。在这种情况下，通过其**反对者**来赢得论证，仍然为解决意见分歧提供了一条可能的途径。例如，假设激进主义者引用《圣经》的一段话，这段话与进化论相矛盾。这段引文对我和你都没有效力，因为《圣经》对我们而言并没有什么特别的权威。但

149

是，假设**我们**在《圣经》中发现一段话，它明确**支持**一种进化论的观点。根据我们的认识，这一发现对人类是否由非人类起源进化而来的问题无关。然而，公平地说，我们对《圣经》的发现将会对反进化的激进主义者的观点给予致命一击。在这种情况下，我们用一种我们自己所不承认其效力的论证来赢得这场争论。（这里的论证不是说，我们的反对者的反进化的激进主义是内在地不融贯的——而是说这是一个我们**确实**承认其效力的论证。我正在讨论的论证是，进化论为真。）

可以肯定的是，理性主义和非理性主义的争论同激进主义者和生物学家的争论之间，有这么样一个区别：后者是两种逻辑间的冲突（即推理实践），而前者是有逻辑与非逻辑的对立。不过这肯定不会对论证的接收者产生影响。假设它可以的话就等于是说，我们的反对者的认知状态决定了其反对我们的论证的效力。然而，不管这个论证是以开玩笑的方式还是认真的方式提出来，它都具有相同的效力。事实上，即使这个论证是在没有任何意向能动性（intentional agency）的情况下被"提出"的，它也具有相同的效力。如果他们愿意，理性主义者以及激进主义者可以将他们的反对者的论证视作那些著名的打字猴（typing monkeys）的输出结果[1]，或者是风吹过之后沙滩上的图案。如果猴子碰巧打出了一系列字符，这些字符使我想到一个强有力的论证来反对我的观点，那么我就处于相同的认识情境中，就好像我自己想到了这个论证一样。

此外，理性主义和非理性主义的争论与关于进化论的争论之间，还有另一个更为根本的区别：在前一个争论关系中，关键的问题不只是一个假设，争论双方不同的立场会赋予这个假设以不同的真值——而是其中任何一个认识立场自身的地位。更近似的类比是科学家和激进主义者之间，针对科学方法的有效性，或者激进主义的有效性的争论。反对理性主义的论证类似于在《圣经》中引用这样一段话，它告诉我们只要发现是写在书中的，我们就不要相信。从他们的立场来看，激进主义者应该如何应对这

---

① 1931 年，法国数学家 E. 波莱尔（Emile Borel）提出了一个问题，大量的随机事件是否具有意义？这个问题后来演变成，猴子在打字机上能否随机打出莎士比亚的十四行诗，也被视为著名的哲学思想实验之一。——译者注

样一段话的发现呢？答案取决于他们的方法论的具体内容是什么。其中一个关键的内容涉及演绎逻辑和《圣经》引文之间的关系。首先，假设他们认为《圣经》的引文优先于其他任何考虑的话，包括演绎逻辑在内。这说起来容易做起来难。即使这些激进主义者中持极端立场的那些人也需要使用假言推理，以便将《圣经》中的段落转换为他们的信念体系。毕竟，激进主义是理性主义的一种形态（即它不是非理性主义），而且没有逻辑，就没有理性主义。说《圣经》引文优先于逻辑，实际上是说正在使用一种非标准的逻辑——这个逻辑意味着只要"《圣经》上说'P'"可以作为前提的话，任何"P为真"这样的结论都是不可修正的。在这种情况下，那种成问题的段落就不会引发危机。这种类型的激进主义者将满足于做出以下两种断言，即人们不应该相信任何东西，只因为我们发现它被写在书中；以及我们应该相信任何东西，因为我们发现它是写在《圣经》中的。另外，假设激进主义者把标准的演绎逻辑和《圣经》引文看作他们的范式中同样不可或缺的一部分。在这种情况下，那些成问题的 *151* 段落会对他们的信念系统给予致命的一击：这迫使他们在《圣经》和好的演绎（Good Deduction）之间做出选择。

最后，他们的论辩情景没有什么有意义的东西，这个情景使得非理性主义者不可能或不允许构想一个有说服力的论证来反对他们的理性主义者敌手。当我说这样一个论证可能的时候，我的意思是，一个既未被证明也未被反驳的数学命题，仍然可能为真，也可能为假。非理性主义者不承认论证的效力，这一初步反对意见并不妨碍他们使用论证来扰乱他们的敌人；下述事实同样也不妨碍他们，该事实指的是这个话题涉及争论双方中一方所用的方法论的地位，有些方法论本身是可以被反驳的，而另一些则不可以。问题是：有关理性主义的争论中，哪一个方法论才是关键的呢？值得注意的是，如果针对理性主义确实**有**一个合理的反驳的话，那么它将会有某些特殊的属性。它对接受其结论的人丝毫没有效力，但它会迫使那些**尚未**接受结论的人立即接受它。针对理性主义的合理驳斥将是通往一个地方的单程票，而在那个地方，车票的有效性得不到承认。然而这并不重要，因为你已经在那里了。当然，这同样适用于任何构成范式克星的论证。

　　这里有一个论证表明，非理性主义者**无法**提出一个成功的论证——同样，也就表明没有针对理性主义的合理反驳。（这个论证就是一个针对理性主义的合理反驳的合理反驳。）正如我们在讨论激进主义时所指出的，有很多不同种类的逻辑。甚至有一些在学术上值得尊敬的逻辑，它们对一定程度的不一致持宽容态度（Rescher and Brandom 1980）。因此，在理性主义身上可能发生的最坏的事情，就是它为一个**依赖某种特定逻辑 L** 的论证所反驳。但是，考虑到会发生这一最坏情况的场景，理性主义者总是可以选择运用杜衡策略。他们不会放弃理性主义，相反他们可能总是放弃 L 而寻求另一种逻辑，在这种逻辑中，该论证无法进行到底。

　　事实上，这一最坏情况的场景已经发生了。罗素（Bertrand Russell）发现集合论的不一致性，这是对理性主义一次史无前例的打击。然而，这并没有导致对非理性主义阵营的大规模背叛。数学家们更喜欢采用像策梅罗-弗兰克公理（Zermelo-Fraenkel axioms）那样的，实际上显然是临时的补救。简言之，当理性的规则被证明不值得信任时，理性主义者只是改变了规则。每一个悖论都是对非理性主义的一次邀请。但这是一种常可以谢绝的邀请。

　　"**所有的**逻辑都是不可靠的"这一普遍的论证的可能性如何呢？一个例子可能就是前一章中给出的语义建构主义的论证。当然，问题在于，任何这样的论证总是要在一些特定的逻辑中被阐明。所有的逻辑都是不可靠的这一推定性证据，只是单一逻辑中的另一个悖论。因此，它也可以通过拒绝特定的逻辑来得以解决。所以尽管非理性主义者可以为一个特定的逻辑制造麻烦，但他们无法为理性主义这一个整体制造麻烦——相反，或者他们可以制造麻烦，但理性主义者总能找到解决办法。

　　有人可能会反对，称前述这样的论证太强了，即杜衡策略在各种理智争论中总是适用的。如果这种适用性允许我们得出"目标论题避免了失败"这一结论，那么任何论题都不会被击败。依此情况，这种理性主义的辩护导致了彻底的怀疑主义。为了避免怀疑主义，人们不得不讨论下面的内容。杜衡辩护中的适用性可能推衍出，这样的假设不受**直接和灾难性失败**的影响。但是，如果一个假设需要不断地对新问题进行辩护，那么它就失去了可信度。我敢肯定，这对于一般情况下针对假设的操作来说，或多或少就是正确的。然而，在该假设是理性主义这样的特殊情况下，还要有进一步的论证，以表明采用杜衡辩护在合理性上**总是**要优于对理性主义完全不抱希望。接下来的情况会是这样的。

假定有这样一个针对理性主义的合理反驳——这一论证的结论是，所有的逻辑论证都是不可靠的。我们称这一论证为 R。现在，R 本身是可靠或不可靠的。假设它是可靠的，那么我们应该接受其结论，即所有的逻辑论证都是不可靠。但是，通过用普遍例证后发现，R 本身是不可靠的。因此，它是不可靠的。也就是说，我们可以无视它的规定。这一论证显然与普遍实例化论证有着相同的结构，后者表明相对主义是错误的（参见第十五章）。也存在一种关于理性主义的合理反驳的合理反驳，它与反对相对主义的存在性概括论证（existential generalization argument）相似：如果我们假设理性主义的合理反驳是可靠的，那么就由此断定存在可靠的论证，这意味着理性主义为真——因此，对理性主义的合理反驳是不可靠的。

在得出 R 不可靠的结论之后，我们也许想要确定它在哪里出了问题。该研究有三种可能结果。我们或许会发现 R 利用了一个错误的前提；我们可能会发现它犯了一个被我们的逻辑判定为谬误的过失；或者，最有趣的是，我们也许找不出错误的前提或过失。如果我们无法发现 R 中的错误或过失，那么上述论证就表明，我们必须得出这一结论——我们当前的逻辑需要加以修正。R 不可靠这一结论，连同没有运用错误的前提，以及没有出现什么过失，导致了这一直接的后果。我们当前的逻辑**规定**，当面对一个完美的、不可破解的悖论时，我们总是应该改变逻辑，而不是彻底放弃逻辑。因此，理性主义绝不会输给非理性主义。

最后一句话中蕴含的结论需要一点小小的修正。严格地说，这只是**某** *153*
种不受非理性主义反驳影响的理性主义——这种依赖逻辑机器的理性主义，它允许上述论证得出其结论。可以预见的是，基于逻辑的理性主义不具有这一特征——这些理性主义规定，如果我们面临一个完美的、不可破解的悖论时，我们**应该**彻底放弃逻辑。这两种理性主义之间的区别，就像是"如必要的话，就准备放弃标准演绎的《圣经》的激进主义"跟"认为标准演绎与《圣经》引文具有同等效力的激进主义"两个立场之间的区别。前者免于遭受反驳，而后者自身则易受攻击。易受攻击的理性主义正是理性主义的一种可能形式，但它并非我们的形式。事实上，它不是任何人的形式。从一种进化的观点来看，这并不令人惊讶。如果曾经有如此脆弱的理性主义者，那么他们到埃庇米尼得斯（Epimenides）时代就已经灭绝了。

在第十四章中，我认为逻辑建构主义者改变其逻辑的特权导致他们的论题坍塌为非理性主义。难道我们不应该在这里指出，理性主义也出现了这一问题吗？如果允许理性主义者改变他们的逻辑，那么他们和逻辑建构主义者不就在同一条船上了吗？不，他们不是。对**随意**改变逻辑的许可，加速了逻辑建构主义坍塌为非理性主义。事实确实如此，如果你可以在任何时候、以任何方式改变逻辑，那么你就是一个非理性主义者。但是理性主义者不必采取这个路线。首先，他们不必承认人们可以在任何时候改变逻辑。他们可能会做出如下规定，规则只能在某些条件下才能被改变——例如，当遭遇一个完美地不可破解的悖论时。其次，理性主义者不必承认人们具有完全自由的逻辑选择。我们当前的逻辑可能本身就规定了，如果遭遇一个无法解决的悖论时，它将如何被改变。例如，它可以规定，我们应该遵循保守主义的原则，尽我们所能地努力保持我们的逻辑体系不被改变。这两个特征都有助于从"允许改变自身逻辑"的理性主义者当中，区分出非理性主义者。而理性主义的合理反驳的合理反驳则保持不变。

当然，他们批判性论证的合理反驳在非理性主义者中，没有比批判性论证本身更具效力。对理性主义的合理反驳的合理反驳，并非对非理性主义的批判。但它确实使理性主义者永远免受非理性主义者的攻击。反之，理性主义者也不能对非理性主义者制造任何麻烦。向非理性主义者提出逻辑论证具有规范的效力这样的逻辑论证是毫无意义的。即使人们能够找到这样一个论证，它在非理性主义者中也不具任何效力。因此，理性主义和非理性主义之间的立场**不可调和**：任何一方都没有足够的资源来说服对方他们的认识是错误的。理性主义者无法在逻辑上说服非理性主义者改变他们的立场，因为非理性主义者不承认任何逻辑论证的效力；而非理性主义者也无法在逻辑上说服理性主义者改变他们的立场，因为理性主义者的逻辑规定，如果他们失败了，他们只需要改变规则。

让我们从理性主义者的视角来审视这一情景。我对理性主义（实际上是对流行的理性主义形式）的承诺，使得放弃逻辑在任何情况下都成为一种认识错误。我不能离开理性的界限。但在我的认识的樊笼之外，我看到欢呼雀跃的非理性主义者们，他们允许自己说出他们想说的任何东西，并且用嘲弄的笑声来回应我冗长又费解的论证——而他们所做的一切**都没有受到认识上的责备**。根据我自身的认识，摆脱我的"枷锁"并加入他们是错误之举。只要犯了这样一个错误，我就没有了归宿。冲向这个错误极具诱惑力。这样做类似于故意服用一种令人头脑麻木的毒品，导致我失去了将道德上正确与错误区分开来的能力。在服用毒品之前，我知道这样做在道德上是错误的；但我也知道，在服用了毒品之后，我将不再知道它或其他任何事物是错误的——进而一个不正当的欢愉世界将对我敞开怀抱。简言之，可能存在一个支持服用毒品的功利主义论证，或者转投非理性主义者怀抱的功利主义论证。在转向非理性主义的情形中，就会面临这样一个无法回避的事实，即这样做是一个认识的错误。不过这并不妨碍问题的提出：抛开认识上的考虑，我是否更喜欢作为非理性主义者的生活呢？非理性主义的益处已经被指出：它是如此美妙的无拘无束——你可以畅所欲言！其代价是什么呢？

理性主义者有时候确实会为他们继续坚持这个艰难的选择而提出非认识上的理由。对非理性主义的前景，理性主义者在刚刚度过不轻信这个阶段后，一个常见反应就是恐惧。首先，会有这样一种职业恐惧，即话语将变得或被证明是混乱而又荒谬的，然后就是我们将如何为我们作为哲学家继续工作进行辩护呢？还有一种更深的恐惧是，如果我们都变成了非理性主义者，那么生命本身将会变得危险。如果没有理性的束缚，什么能够阻止人们毫无顾忌地从十层楼高的窗口往外跳；或者当他们想要喝杯咖啡的时候，将他们的拇指插入他们的眼睛呢？然后是我们经常遭遇的**纳粹论证**（Nazi argument）：如果没有理性的约束，没有什么能够阻止我们全部变成纳粹分子。我最近碰到的纳粹论证是由普特南所提出的：

> 德里达的写作主旨是："辩护（justification）"、"正当理由（good reason）"、"保证（warrant）"等类似概念根本上具有专制的意图。而

这种观点是危险的，因为它为包括左派和右派的各种极端分子（特别是浪漫主义的极端分子）提供援助和慰藉。20 世纪见证了众多恐怖事件，而极左和极右分子都对恐怖事件负有责任。如今，在我们即将迎来 21 世纪的时候，我们的任务就是不重蹈 20 世纪的覆辙。仅仅把理性当作一个专制概念，绝对无助于我们避免曾经的错误。

（Putnam 1996：197）

在这段话中，普特南并没有直接批评非理性主义——他所抨击的是"仅仅把理性当作一个专制概念"。但是，使他感到不安的显然不是这个具体的理性与专制之间关系的假说。而是这个假设的结果——我们将不再接受理性的约束。毫无疑问，普特南和那些宣称理性是易激动的这一观点的学者一样，也会感到不安。

这些担心是没有根据的。日常生活的安全和人类行为的良性，并不依赖于我们基于理性思考所做出的决定。安全和良性完全不依赖我们所做的决定，这是一个必然的事实。通过对猫和狗的沉思，我们认识到更为广泛的原则的真理。这些生物能够安全而和谐地生活；然而，假设猫科或犬科动物在行动前会有一个深思熟虑的过程，最终在众多选项中做出一个明确的决定，这似乎是非常难以置信的。（菲多自言自语地说："是的！我要热情地迎接我的主人！"）如果读者试图将深思熟虑归于猫和狗（的智慧），那么我会把这个例子转换成蜘蛛和蚂蚁。**这些**生物行为无疑是"自发地"，也就是说，事先不用搞清楚它们的路线是什么。然而，只有在无法控制自己的情况下，它们才会做出类似于人类把拇指插入眼睛，或成为纳粹分子一样野蛮的行为。

在海瑞格尔（Herrigel）对射箭术中的禅的论述中，这位箭术大师明确指出了纳粹论证的谬误之所在：

你认为你自己不做的事不会发生。

（Herrigel 1953：51）

秩序并不完全是由我们对规范约束的关注所创造的，也的确不是由我们任何的慎思之下所从事的活动而创造的。有时秩序是它自己发生的，是因为自然原因而出现。在关于语义建构主义的那一章中，我认为我们可以随意改变语词的意义，这一范围似乎打开了非理性主义的大门。大多数对话都能顺利地、协调地进行下去，并培养了一种相互理解的感觉，这一明显的事实与此论题并不矛盾。尽管可能没有**规范的**约束来反对**随意**改变词语的意义，但我们可能不会**利用**这种自由，因为我们这样做有某些**因果性**约束。例如，我们可能受制于一种意义的**僵化法则**（a law of ossification）：在一个关键的学习阶段之后，我们可能在本质上变得不愿修正与我们语言术语相关的外延。从规范意义上说，我们**能够**在任何时候修正外延。但是，我们碰巧是那种**不**这样做的生物，这就使得对话成为可能。尽管如此，解释"我们如何设法协调我们的对话"的自然主义理论的适用性，并不能否定非理性主义。非理性主义是一个**规范的**论题——是一个宣称"不存在认识的规范"的无效论题。如果非理性主义是正确的，那么我们就不能指摘声称"鲸鱼是鱼"或"数字是鱼"的人犯了**一个认识上的错误**。这完全与僵化法则相一致。如果僵化法则为真，那么声称"数字是鱼"可能仍然不是一个错误。只是我们不会倾向于这样说而已。

　　因此，当思考从理性主义向非理性主义的转换时，对混乱的恐惧并不是一个重要的考虑因素。尽管哲学家对失业的恐惧同样毫无必要，但它可能没有那么明显而已。我对失业恐惧的治疗采用了准历史的研究形式，就像普特南的纳粹论证一样。我称之为"准历史"（quasi historical），是因为它们不是基于历史学的研究。它们只是一些尊重少数历史的陈词滥调的合理故事（例如，左派和右派的极端分子都犯下了暴行）。准历史论证在某种程度上具有效力，仅限于它们提出的论点需要的只是故事的合理性这个范围。我不太确定普特南的论证是否满足这个条件——因为他的"非理性导致恶行"的主张，并不是基于非理性和邪恶之间的任何概念关系。如果事实证明，作为一个确凿的历史事实，非理性的极端分子**没有**犯下暴行，那么就没有理由接受普特南的论题。我对准历史的运用并非这种类型。在论证的任何阶段，我都不需要假设事件真的以我所描绘的方式发生了。事件可能以这种方式发生，这一点对于我的目的而言足够了。

　　在西方绘画史上，至少发生过一次与理性主义向非理性主义的转变非常类似的事件。过去人们认为有一种在认识上优先的绘画方式——一种"写实主义的"方式，它使世界呈现为人们"确实"看到的样子。所有人都承认，没有一幅绘画达到了完美的写实主义。但写实主义是一种规约性理想，而绘画通常就是以这样规范的维度来进行排位的。这种绘画方式在 19 世纪末至 20 世纪初逐渐瓦解。在某种程度上，摆脱过去约束的世纪之交的解放，可以被描述为意识到人们没有必要再写实地绘画。但对写实主义的批判远不止于此。作为一种规约性理想写实主义的融贯性，受到了攻击。人们不仅没有必要在写实意义上绘画，而且写实绘画的必要性也没有任何意义了。

157　　然而，在这种概念混淆中工作的画家们，创作了一些艺术作品，其中一些具有巨大的审美价值。显然，概念清晰并不是产生重要艺术的必要前提。此外，那些努力实现认识上正确无误却徒劳无功的人，他们的作品只是有某种辨识度而已。由于这一目标于近几个世纪在欧洲获得了理解，因此认识上正确无误的不融贯目标多多少少地促进了单一风格的形成。这种风格也被称为"写实主义"。

　　写实风格的绘画几乎消失于世纪之交，如今这已成为一个有趣的历史事实。在接下来的半个世纪，既想写实地绘画，又想被人尊为艺术家是不可能的。是什么导致了这种排斥呢？以下解释至少是有理有据的。正如写实主义风格的绘画是由概念混淆所导致的，写实主义风格的绘画也因为概念混淆而停止了。第二个混淆是这样的：写实主义的不融贯和虚假表象已经被揭示出来，由此得到的教训是，人们不应该写实地绘画。要得到这个教训，就要对第一个混淆的本质感到混淆才行。第一个混淆是，假设人们可以写实地绘画，这一意义的"写实主义地"意味着"以认识上正确无误的方式"。

　　第二个混淆就是假设，这一洞见为人们不应该写实地绘画这一建议提供依据。对于画家而言，**没有**什么建议或禁令可以从对第一个混淆的澄清中获得。当然没有必要告诉他们，他们不应该在这个词的**认识**意义上进行写实主义的绘画，因为对第一个混淆的澄清，恰恰就是这一意义上的写实绘画的观念是不融贯的。人们在这种意义上不能进行写实主义的绘画，即使他们尝试过了。在某种程度上，假如反对那些特定类别的绘画这样的苛责是强加上去的，那么要反对的必须是一种作为**风格**的写实主义。但是，对第一个混淆的澄清与写实主义作为一种风格的优缺点没有任何关系。否则，就要假设是第二个混淆了。近几十年来，写实主义风格的绘画再度兴起。但据我所知，这次复苏并没有伴随着第一个混淆的复发。因此，如果第一个混淆从没有发生过的话，那么写实主义风格可能永远不会被构建出来，但是这种风格似乎可以在驱散混淆的过程中幸存下来。

现在，让我们从绘画转向观念世界。有这么一种说法，从理性主义到非理性主义的运动一直在进行着，这与我刚刚讲述的有关绘画的故事完全相同。然而，我的观点并不依赖这个社会—历史论题——甚至也不依赖我所讲述的关于绘画故事的真与否。我所需要的仅仅是关于绘画的故事是可信的。如果故事是可信的，那么它就为"哲学如何没有受到非理性主义阻碍"提供了一个模型。绘画中的写实主义就相当于观念世界中的理性主义，前者主张存在一种认识上享有优先地位的绘画模式，后者则认为有这么一些在认识上有优先性的观念的顺序。20 世纪早期的写实主义的衰落与同时期的理性哲学话语的衰败相对应。在这两种情况下，出现这样的 *158* 衰落可能是由于表面的原因或者深层次的原因。其表面的原因是，人们只是失去了对认识问题的兴趣。即使"写实主义的绘画"有意义，也没有必要在写实意义上绘画。人们可能更喜欢绘制抽象的墙纸图案。同样的道理，即使理性主义的哲学是通往真理的康庄大道，观念传播者也没有必要是理性主义的哲学家。那些喜欢与观念打交道的人，可能更喜欢写小说，或者表演单口喜剧。绘画中的写实主义衰落的深层次的原因是，试图追寻一个不融贯的目标。一些像罗蒂（Rorty 1979）这样的观念传播者认为，理性主义哲学同样如此：这里的难题并不仅仅在于其目标是可选的——在于其追寻的目标是建立在一种混淆的基础之上。

在这本书中，我将避免表达我对罗蒂论题的看法。让我们承认理性主义者犯有相当于第一个混淆的错误——试图追寻一个不可追寻的目标。即便是这样，我的观点是存在一些犯有第二个混淆过错的当代的观念传播者——他们通过了"反对不可能的追求"的禁令。最明显的例子是利奥塔（Lyotard 1984）那个声名狼藉的指摘，他反对理性主义哲学家试图提供的那类"元话语"（metadiscourses）。利奥塔立场的独特性经常会被提及。尽管二阶话语被认为应该受到指摘，但显然，像他自己这样的三阶话语就是可行的。那么利奥塔对于像我此时所从事的四阶话语有什么看法呢？是所有偶数层级的话语都有问题吗？似乎很难避免让人产生这样的印象，觉得利奥塔的指摘是一种被擅自修改的准则，它旨在排除一些先入为主的东西。无论如何，利奥塔的排斥就是写实主义绘画在 20 世纪初被排斥的同型元素。它是基于第二个混淆——把对认识目标（绘画中的写实主义、哲学中的理性主义）的否认和对风格的否认相混淆。如果画家不是第一个混淆的受害者，那么写实主义的绘画风格也许永远都不会发展起来。但这一历史事实并不是对写实主义风格的批判。同样，即使理性主义哲学真的是诞生于第一个混淆，也并不意味着在混淆被消除之后，你不能或不应该以理性主义哲学的**方式**来写作。就像有时已然多次被提出来的以下看法，如果所有的写作都是文学，那么这里的教训不是指哲学是无效的写作——而是说哲学就是文学。

可以肯定的是，后现代主义的、未被混淆的写实主义绘画具有一种与众不同的外观，这使它们有别于早期被混淆而又浮夸的写实主义作品。同理，可以预料的是，后现代主义的、未被混淆的理性主义哲学将会有其自身的风格特征，这使得它能够与（公认的）被混淆的且又浮夸的旧式理性主义哲学相区别。不过在这两种情形中，普通的风格要素将会在数量上占有优势。后现代的理性主义哲学在实现其目标的过程中仍将努力追求手段的最大经济性，并且它将仍然会避开对晦涩的有意改善——简言之，它将仍旧是一种对经典而非浪漫情感的表达。它也将继续偏爱线条的（Linear）而非强调色彩，喜欢系统艺术胜于印象风格，等等。总之，对非理性主义进行深思熟虑的理性主义哲学家不必担心失业问题。在这样的大转变（Big Switch）之后，他们仍将有足够的空间来追求他们的旨趣，并施展他们的才能。

18. 结论

我的结论会用概要的形式来表述。首先，强纲领针对任一信念寻求其
中的社会原因没有任何错误（第二章）。但是如果我们用这个术语来意指
"某些类型的事实是由人类活动所构成"这一论题，那么强纲领还不是建
构主义。在各式建构主义中，唯一不受严重的概念难题困扰的建构主义指
的是我称之为合理的建构主义的那一类型（第十二章）。每一个社会都能
建构关于它自身的事实，这个论题是个没什么风险的论题。在可靠性程度
的另一端就是强建构主义，它主张所有可查明的事实都是被建构而成的。
这个立场与任何哲学立场可能的那样，都是站不住脚的。强建构主义者尚
未表明，由他们的论题所产生的无限回溯的建构并不严重（第十章），或
者同样没有表明由他们的论题所产生的时间上的不一致可能有一个融贯
的解决方案（第十三章）。他们当然也没有解释，当两个社会建构了不相
容的事实时，会发生什么（第十二章）。在我看来，反对强建构主义的最
有说服力的论证，也是最简单的论证（第十一章）就是：如果事实都是
可协商的，那么为什么还有人觉得有必要为一个所偏爱的论题来辩护，同
时又反对一个事实性的异议呢？为什么不直接否定那个成问题的事实呢？
鉴于所有这些悬而未决的难题，我认为我们有理由得出明确的结论，即世
界存在。尽管我打电话给当地电视台的科学编辑，想把我的发现告诉他，
但是他没接我的电话。

科学建构主义——宣称科学事实是被建构出来的，但又允许存在独立
的事实——又如何呢？除了这个难题——要解释当两个社会建构了不相容
的事实时会发生什么之外（第十二章），这一概括为建构主义者提供了避
免上述难题的方法。不过一个尚未解决的概念问题就足够应付的了。下一

步要看科学建构主义者怎么办了。

当然还存在其他可能的建构主义。比方说，存在**时间序列的建构主义**，其定义如下：假设 S1，S2，…，Sn 代表按时间顺序排列所有曾经存在或将要存在的社会。那么，这种编年式建构主义的论题可以表达为：每一个社会 Si 都能建构关于后继社会 S(i+1) 的社会事实。（从这个词的技术意义上来说，）编年式建构主义显然是不合理的。它与科学建构主义或强建构主义并不是一回事，因为它允许非社会的科学事实被除排在建构的范围之外。然而，它容易变成在第十二章中用来反对科学建构主义的银河阴谋论证的一个变体——因为它允许先于我们自己的社会可能已经建构了一些对我们具有约束力的事实，即使我们可能对那个社会的存在没有任何概念。我提出这个异乎寻常的可能性，只是为了说明，本书所探讨的建构主义的假设并没有穷尽所有可能的建构主义领域。因此，可能存在一个到目前为止尚未被阐述的建构主义，其意涵超出了合理建构主义所涵盖的范围，不过尽管如此，它还是避免了前几章中提出的所有概念难题。无论我如何尝试，就是想不出一个非合理的（non-reasonable）建构主义，它在绕开了银河阴谋论证的同时，又不完全是一个临时的策略，以至于没有人会有兴趣去维护它。在这种情况下，我认为采纳如下观点便是合理的做法，也即除了关于我们自己的社会事实之外，没有什么能够在一个语词的构成性意义上被建构出来。如果这一点是正确的，那么非合理建构主义的假设全是**不合理的**（unreasonable）。我希望这个结论会比"世界存在"这一消息制造更多的轰动。

形而上学建构主义的分析占据了本书的前十三章。最后四章有所不同。第十四章和第十五章处理了在形而上学建构主义批判过程中出现的附属话题。这一批判是在未质疑科学理性的普遍标准的情况下进行的。但是当然，许多建构主义者将这些标准自身看作社会协商的结果。**逻辑**建构主义以一种新的视角阐述了前面的一个批判：如果理性的标准是可协商的，那么根据普遍标准，形而上学建构主义是行不通的这一事实，可能仅仅意味着建构主义者需要协商新的标准。在第十四章中，我探讨了采取这一路线的意义，并且发现它导致一种整体的非理性主义，而根据这样的非理性主义根本没有理性的标准，甚至也没有被协商的标准。因此，通过那个路线来为人们的形而上学建构主义加以辩护，这根本看不到希望。

对形而上学建构主义和逻辑建构主义的批判均可以按照以下思路进行：如果建构主义论题与某种形式的相对主义结合在一起，那么可以想象，它们都可能得以安抚。因此，有必要考察相对主义的良善之处，以一劳永逸地解决建构主义的地位问题。我在第十五章中做了这样的工作，并得出相应的结论——相对主义是不融贯的，柏拉图说的没错。以这样的方式就找到了最后一颗钉入不合理的建构主义棺材的钉子。或者说，它是这样的一颗钉子吗？

在处理了相对主义，以及形而上学建构主义话题之后，我发现我已经 *162* 触及，除了语义论题——语言过去的用法没有决定其将来的用法之外，所有以"建构主义"之名的假设。为了完整起见，我决定增加一章来探讨与这类**语义**建构主义有关的话题。我发现这个论题就像逻辑建构主义一样，蕴含着非理性主义（第十六章）。然而，这两个蕴含之间存在着很大的区别。从理性主义者的角度来看，逻辑建构主义导致非理性主义的证明是没有问题的——它只是意味着我们应该通过**否定后件**来拒绝逻辑建构主义。然而，理性主义者不能对语义建构主义导致非理性主义这一论证采取同样随便的态度。在这种情况下，因为有两个独立的、无法驳斥的论证，旨在表明前件为**真**：它们分别是克里普克的论证以及我的论证，因此他们就不能简单地断定前件为假。除非这些论证被推翻了，否则我似乎无意中为非理性主义构造了一个情形。现在，一个关于非理性主义的论证——这个论证大意是所有论证均没有规范的效力——是一个特别的概念实体。目前尚不清楚有什么样的寓意，如果有的话，可以从这样一种实体的存在中衍生出来。因此，我感到不得不再写另一章，在这章中，我试图理清是什么构成了这一类型的论证（第十七章）。

我的印象是，一些更极端的建构主义者公开支持非理性主义获胜。不妨回想一下阿什莫对逻辑实证主义的逻辑难题的回应：

> 我无意于就这个绝妙的反讽来**争辩**——对于那些依赖逻辑而生、依赖逻辑而死的人而言，这是一个非常令人满意的事态……

> （Ashmore 1989：88）

拉图尔的以下评论所蕴含的判断更有意义：

> 自指（self-reference）的非专业人士将会高兴地注意到，最后两段是自相矛盾的：我很高兴为他们提供这种乐趣。

（Latour 1988：170）

也许拉图尔和阿什莫希望通过否认理性本身来平息对他们立场的理性批判。但我不明白，对理性的否认如何能促进他们旨趣的发展。一方面，这并没有使他们的论题在认识上更容易接受，因为非理性主义的观点是：没有什么比其他任何事情在认识上更容易接受。如果他们拒绝理性主义，那么他们喜爱的建构主义论题就会具有与推理小说或者低级打油诗的片段完全相同的地位。另一方面，如果他们愿意接受对他们作品的描述，那么他们根本不需要介入这样的理性话题。即使有普遍有效的推理原则，也没有什么规则来反对写推理小说。对理性的否定并不能使任何迄今为止受挫的领域可资利用。

具有讽刺意味的是，如果不合理的建构主义者在理性主义遇到麻烦时仍继续忠实于它，那么他们就会找到一个新的辩护希望。我在第十七章中指出，理性主义不允许非理性主义有获胜的可能性。面对非理性主义的一个完美论证时，合理的结论便是：我们必须改变逻辑，以使争论不再继续下去。如果在语义建构主义为真，且它导致非理性主义这样的论证中找不到错误的话，那么我们将不得不改变一些推理规则——正如改变集合论的规则来防止罗素悖论一样。但是，如果要改变规则的话，就没有办法提前知道其他已确立的结果可能会被扭转。也许，新的逻辑终究会支持一些不合理的建构主义形式。在我们知道如何处理好从语义建构主义到非理性主义的论证之前，我们对此无法言之凿凿。因此就必须要承认，科学建构主义的地位，乃至强建构主义的地位，仍然有很多未决问题。当然，这是在每个假设的地位都未完全确定的意义上来说的。可以想象，这样的新逻辑将会证明此类观点——地球是平的，永恒运动在物理上是可能的，或者角度可以用直尺和圆规三等分。除非或直到这一证明真的被提出来，否则它仍属于建构主义论题中几乎最为贫乏的一类。

参考文献

Ashmore, M. (1989). *The reflexive thesis: Wrighting sociology of scientific knowledge*, Chicago: University of Chicago Press.

Barnes, B. (1982). 'On the extensions of concepts and the growth of knowledge', *Sociological Review*, 30, 23−44.

Barnes, B. and Bloor, D. (1982). 'Relativism, rationalism and the sociology of knowledge', in M. Hollis and S. Lukes (eds), *Rationality and relativism*, Cambridge MA: MIT Press (pp. 21−47).

Bloor, D. (1976). *Knowledge and social imagery*, London: Routledge & Kegan Paul.

—— (1981). 'The strengths of the strong programme', *Philosophy of the Social Sciences*, 11, 199−213.

—— (1983). *Wittgenstein: A social theory of knowledge*, London: Macmillan.

Boghossian, P. A. (1989). 'The rule−following considerations', *Mind*, 98, 507−49.

Boyd, R. (1984). 'The current status of scientific realism', in J. Leplin (ed.), *Scientific realism*, Berkeley: University of California Press (pp. 41−82).

Brown, J. R. (1989). *The rational and the social*, London: Routledge.

Callon, M. and Latour, B. (1992). 'Don't throw the baby out with the Bath school!', in A. Pickering (ed.), *Science as practice and culture*, Chicago: University of Chicago Press, 343−68.

Cantor, G. N. (1975). 'A critique of Shapin's social interpretation of the Edinburgh phrenological debate', *Annals of Science*, 33, 245-56.

Chomsky, N. (1986). *Knowledge of language: Its nature, origin, and use*, New York: Praeger.

Collin, F. (1993). 'Social constructivism without paradox', *Danish Yearbook of Philosophy*, 28, 24-46.

Collins, H. M. (1981). 'What is TRASP? The radical programme as a methodological imperative', *Philosophy of the Social Sciences*, 11, 215-24.

—— (1985). *Changing order: Replication and induction in scientific practice*, London: Sage.

Collins, H. M. and Pinch, T J. (1993). *The golem: What everyone should know about science*, Cambridge: Cambridge University Press.

Devitt, M. (1991). *Realism and truth* (2nd edn), Oxford: Blackwell.

Dretske, F. (1981). *Knowledge and the flow of information*, Cambridge MA: MIT Press.

Duhem, P. (1951). *The aim and structure of physical theory*, Princeton NJ: Princeton University Press.

Durkheim, E. (1915). *Elementary forms of religious life*, London: George Allen & Unwin.

Fine, A. (1984). 'The natural ontological attitude', in J. Leplin (ed.), *Scientific realism*, Berkeley: University of California Press (pp. 83-107).

—— (1996). 'Science made up: Constructivist sociology of scientific knowledge', in P. Galison and D. J. Stump (eds), *The disunity of science: Boundaries, contexts, and power*, Stanford: Stanford University Press (pp. 231-54).

Fodor, J. A. (1987). *Psychosemantics: The problem of meaning in the philosophy of mind*, Cambridge MA: MIT Press.

Franklin, A. (1990). *Experiment right or wrong*, Cambridge: Cambridge University Press.

Freud, S. (1973a). *Introductory lectures on psychoanalysis*, Harmondsworth: Penguin Books. (Original work published 1917.)

—— (1973b). *New Introductory lectures on psychoanalysis*, Harmondsworth: Penguin Books. (Original work published 1933.)

Friedman, M. (1998). 'On the sociology of scientific knowledge and its philosophical agenda', *Studies in History and Philosophy of Science*, 29, 239–71.

Goodman, N. (1978). *Ways of worldmaking*, Indianapolis IN: Hackett.

—— (1996a). 'Comments', in P. J. McCormick (ed.), *Starmaking: Realism, antirealism, irrealism*, Cambridge MA: MIT Press (pp. 203–13).

—— (1996b). 'Notes on the well-made world', in P. J. McCormick (ed.), *Starmaking: Realism, anti-realism, irrealism*, Cambridge MA: MIT Press (pp. 151–9).

Hacking, I. (1983). *Representing and intervening*, Cambridge: Cambridge University Press.

—— (1988). 'The participant irrealist at large in the laboratory', *British Journal for the Philosophy of Science*, 39, 277–94.

—— (1999). *The social construction of what?*, Cambridge MA: Harvard University Press.

Hempel, C. (1996). 'Comments on Goodman's "Ways of worldmaking"', in P. J. McCormick (ed.), *Starmaking: Realism, anti-realism, irrealism*, Cambridge MA: MIT Press (pp. 125–32).

Henle, P. (1949). 'Mysticism and semantics', *Philosophy and Phenomenological Research*, 9, 416–22.

Herrigel, E. (1953). *Zen in the art of archery*, New York: Pantheon.

James, W. (1902). *The varieties of religious experience*, New York: Longmans, Green &Co.

Knorr-Cetina, K. (1983). 'The ethnographic study of scientific work: Towards a constructivist interpretation of science', in K. Knorr-Cetina and M. Mulkay (eds), *Science observed: Perspectives on the social study of science*, London: Sage (pp. 115–40).

—— (1993). 'Strong constructivism — from a sociologist's point of view: A personal addendum to Sismondo's paper', *Social Studies of Science*, 23, 555–63.

Kripke, S. A. (1982). *Wittgenstein on rules and private language: An elementary analysis*, Oxford: Blackwell.

Kuhn, T. S. (1962). *The structure of scientific revolutions*, Chicago: University of Chicago Press.

Kukla, A. (1994). 'Scientific realism, scientific practice and the natural ontological attitude', *British Journal for the Philosophy of Science*, 45, 955−75.

—— (1996). 'The theory-observation distinction', *The Philosophical Review*, 105, 173−230.

—— (1998). *Studies in scientific realism*, New York: Oxford University Press.

Lakatos, I. (1978). *The methodology of scientific research programmes*, Cambridge: Cambridge University Press.

Latour, B. (1987). *Science in action*, Milton Keynes: Open University Press.

—— (1988). 'The politics of explanation: An alternative', in S. Woolgar (ed.), *Knowledge and reflexivity: New frontiers in the sociology of knowledge*, London: Sage (pp. 155−76).

Latour, N. and Woolgar, S. (1979). *Laboratory life: The social construction of scientific facts*, London: Sage.

—— (1986). *Laboratory life: The construction of scientific facts* (2nd edn), Princeton NJ: Princeton University Press.

Laudan, L. (1981). 'The pseudo-science of science?', *Philosophy of the Social Sciences*, 11, 173−98.

—— (1984). 'Explaining the success of science: Beyond epistemic realism and relativism', in J. T. Cushing, C. F. Delaney and G. M. Gutting (eds), *Science and reality: Recent work in the philosophy of science*, Notre Dame IN: University of Notre Dame Press (pp. 83−105).

—— (1996). *Beyond positivism and relativism: Theory, method, and evidence*, Boulder CO: Westview Press.

Lyotard, J. F. (1984). *The post-modern condition: A report on knowledge*,

Minneapolis MN: University of Minnesota Press.

Mannheim, K. (1936). *Ideology and Utopia*, New York: Harvest Books.

Margolis, J. (1991). *The truth about relativism*, Oxford: Blackwell.

Marx, K. and Engels, F. (1963). *The German ideology*, New York: International Publishers.

Maxwell, G. (1962). 'The ontological status of theoretical entities', in H. Feigl and G. Maxwell (eds), *Scientific explanation, space and time*, Minneapolis MN: University of Minnesota Press (pp. 3−27).

McGinn, C. (1989) 'Can we solve the mind-body problem?', *Mind*, 98, 349−66.

Meiland, J. W. (1977). 'Concepts of relative truth', *The Monist*, 60, 568−82.

—— (1980). 'On the paradox of cognitive relativism', *Metaphilosophy*, 11, 115−26.

Merton, R. K. (1948). 'The self-fulfilling prophecy', *Antioch Review*, 8, 193−210.

—— (1973). *The sociology of science: Theoretical and empirical investigations*, Chicago: University of Chicago Press.

Naess, A. (1972). *The pluralist and possibilist aspect of the scientific enterprise*, London: George Allen & Unwin.

Nelson, A. (1994). 'How could facts be socially constructed?', *Studies in History and Philosophy of Science*, 25, 535−47.

Niiniluoto, I. (1991). 'Realism, relativism, and constructivism', *Synthèse*, 89, 135−62.

Nola, R. (1995). 'There are more things in Heaven and Earth, Horatio, than are dreamt of in your philosophy: A dialogue on realism and constructivism', *Studies in History and Philosophy of Science*, 25, 689−727.

Pickering, A. (1984). *Constructing quarks*, Chicago IL: University of Chicago Press.

—— (1991). 'Philosophy naturalized a bit', *Social Studies of Science*,

21, 575−85.

Pinch, T. (1986). *Confronting nature*, Dordrecht: Reidel.

Plato (1961). *Theaetetus*, trans. F. M. Cornford, in E. Hamilton and H. Cairns (eds), *The collected dialogues of Plato*, Bollingen Series, New York: Pantheon Books (pp. 845−919).

Polanyi, M. (1958). *Personal knowledge: Towards a post-critical philosophy*, Chicago IL: University of Chicago Press.

Putnam, H. (1975a). *Mathematics, matter and method: Philosophical papers* (vol. 1), Cambridge: Cambridge University Press.

—— (1975b). *Mind, language and reality: Philosophical papers* (vol. 2), Cambridge: Cambridge University Press.

—— (1981). *Reason, truth and history*, Cambridge: Cambridge University Press.

—— (1983). *Realism and reason: Philosophical papers* (vol. 3), Cambridge: Cambridge University Press.

—— (1996). 'Irrealism and deconstruction', in P. J. McCormick (ed.), *Starmaking: Realism, anti-realism, irrealism*, Cambridge MA: MIT Press (pp. 179−200).

Quine, W. V. (1951). 'Two dogmas of empiricism', *Philosophical Review*, 60, 20−43.

Radder, H. (1993). 'Science, realization and reality: The fundamental issues', *Studies in History and Philosophy of Science*, 24, 327−49.

Rescher, N. and Brandom, R. (1980). The logic of inconsistency, Oxford: Blackwell.

Rorty, R. (1979). *Philosophy and the mirror of nature*, Princeton NJ: Princeton University Press.

Scheffler, I. (1980). 'The wonderful worlds of Goodman', *Synthèse*, 45, 201−9.

—— (1986). *Inquiries*, Indianapolis IN: Hackett.

—— (1996). 'Worldmaking: Why worry', in P. J. McCormick (ed.),

Starmaking: *Realism*, *anti-realism*, *irrealism*, Cambridge MA: MIT Press (pp. 171−7).

Shapin, S. (1975). 'Phrenological knowledge and the social structure of early nineteenth-century Edinburgh', *Annals of Science*, 32, 219−43.

—— (1982). 'History of science and its sociological reconstructions', *History of Science*, 20, 157−211.

Siegel, H. (1987). *Relativism refuted*: *A critique of contemporary epistemological relativism*, Dordrecht: Reidel.

Sismondo, S. (1993a). 'Some social constructions', *Social Studies of Science*, 23, 515−53.

—— (1993b). 'Response to Knorr-Cetina', *Social Studies of Science*, 23, 563−9.

Tilley, N. (1981). 'The logic of laboratory life', *Sociology*, 15, 117−26.

Trout, J. D. (1992). 'Theory-conjunction and mercenary reliance', *Philosophy of Science*, 59, 231−45.

—— (1994). 'A realistic look backward', *Studies in History and Philosophy of Science*, 25, 37−64.

van Fraassen, B. C. (1980). *The scientific image*, Oxford: Clarendon Press.

—— (1989). *Laws and symmetry*, Oxford: Clarendon Press.

Wittgenstein, L. (1953). *Philosophical investigations*, Oxford: Blackwell.

Woolgar, S. (1988). *Science*: *The very idea*, London: Tavistock.

索 引

译后记

　　建构主义成为流行的理论是近几十年的事，但其历史可以追溯至苏格拉底，他主张教授者和学习者之间应该彼此对话，并通过问答这一方式解释与构建隐藏的知识。然而，"建构主义"这一概念最开始并非出现在哲学领域，有说法认为，是从皮亚杰（Jean Piaget）《儿童心理学》中的"建构主义者"引申而来的，因此，博金斯（David N. Perkins）认为建构主义与心理学、学习理论、发展理论等有着密切的关联。当然，就建构主义自身来说，很难用统一的表达在理论上描述它是什么，原因在于它是多个理论的综合体，分散在不同的领域，比如心理学、社会学、语言学、教育学、传播学、性别研究、文化研究之中。具体到社会建构主义，它是社会学中的知识的理论，探究由认识个体所共同提出的关于世界的知识和理解，强调理解、意义等是在与他人的协作、调节中得以产生。肯尼斯．J.格根（Kenneth J. Gergen）将社会建构主义的基本立场归结为以下几个方面①，即关于世界的描述或解释并不能准确地映射、描绘或反映所存在的事物，我们描述和解释世界的方式是关系的结果，世界建构从其社会效用中获得其重要性，在我们描述和解释过程中我们也塑造了我们的未来，反思我们理所当然的世界对于我们的未来福祉至关重要，社会建构主义者的断言既不真也不假。安德烈·库克拉教授对社会建构主义的认识无疑亦在这一范围之内。

　　在《社会建构主义与科学哲学》一书中，库克拉教授批判性地讨论了贴有各种标签的社会建构主义，其中一个核心目标在于，通过对建构主

---

　　① 肯尼斯·J. 格根. 语境中的社会建构. 郭慧玲，张颖，罗涛，译. 赵旭东，校. 北京：中国人民大学出版社，2011.

义争论的呈现更好地理解其中涉及的概念性差异。具体说来，库克拉教授将建构主义的基础表述概括为与行为相关联，即"若 X 是由有意向的人类活动产生，那么就可以说 X 是被建构的"，X 对人类活动的依赖可能表现为因果或构成的关系。他将构成关系表述为"我们称为'世界的事实'表现为'人类活动的事实'"，这种构成性建构主义成为书中所论述的各式建构主义的基础形态，具体涉及不同强弱程度的社会建构主义以及逻辑建构主义、语义建构主义等，并将这些建构主义显著地应用到科学事实，予以展开。在这个意义上，可以认为他主要是在探究科学的社会建构主义，并主张"它无法在经验或先验的基础上得到辩护"，与科学家的活动相关，实在的终极本质无法像社会学那样经由经验科学来确定，同样拉图尔的先验论证有循环之嫌。

在库克拉教授看来，这种建构主义的难题之一在于，无法解释科学家何以想方设法反对明显的经验上的失验情形来辩护他们的理论，如果建构主义有效，那科学家只要否认那些已然出现失验情形就好了。毕竟对于建构主义而言，无论是否出现明显的失验情形，都不存在与之相关的独立的事实。这一建构主义版本还面临"两个社会的难题"，针对两个社会如何才能构成关于相同对象的不相容事实，它无法给出一个形而上的答案，比如月亮如何才能既是一片芝士，又是一块岩石，而苹果手机的商标如何是一种图案的同时，又是可以吃的苹果，等等。此外，这种建构主义还有一个麻烦是上述"两个社会的难题"在时间中的表现，即两个时期的难题。当然，库克拉教授也做出很多努力将认识与本体相对主义和建构主义区分开来，其路径则是"假如相对主义者声称相对主义是绝对得以保证的，那么他们就是在反驳他们自身"这一传统的方案，假如要继续坚持，相对主义终将出现无限回溯。甚至包括逻辑建构主义和语义建构主义在内，均遭遇不同程度的非理性主义的指摘。至此，库克拉教授完成对各式社会建构主义进行全方位的批判，但是他并没有给出最终的可行解决办法，或许这样的方案本身就是一种奢望，毕竟对任何理论的解释与说明都难免会落入"建构"或带有建构的痕迹。就像格根所说，社会建构论是从对抗中产生的，其主要能量源自对为时甚久的经验主义科学传统的批判。在这个传统中，科学可以产生超越历史和文化的超验真理，并将经验科学视为人类理解自然和自我的最高成就。随着建构主义在科学世界的渗透愈深，在学术界的讨论愈广泛，这在一定意义上也是后现代人文学者和科学家展开"科学大战"（the War of Science）① 的缩影。然而建构主义的高歌猛进与大刀阔斧的节奏似乎没有为它带来多少好名声，其结果甚至是"倒转过来砍伤了使用者的手脚"，或者在某些问题上受到来自左右两派的攻击。这样的情景或许也是库克拉教授未在书中给出明确方案的原因所在，同样也使得他只能在事实、真理以及客观性等这类并未与他的对手们取得共识的观念上做文章，并进一步留下非常多可以争论的空间。

　　大约十五年前或者更早时候，在查阅知识社会学、科学社会学等文献时，便找到了这本书的电子版，阅读之后留有很深的印象。后来在为学院2008级至2016级不同专业的硕士研究生开设专业英语或科学哲学等课程时，确定该书为参考书目之一，并选择其中部分章节在课堂上使用。参与学习、讨论、译校的同学包括沈怡婷、李琼、赵宗耀、李旭、翁振望、李志强、李伟伟、陈瑜婷、朱秀焕、周柳、泮彬彬、张峻峰、郑基、陈硕、包可可、李滨滨等（时间有点久远，罗列可能有所遗漏）。2016年陈嘉明、曹剑波二位教授策划这套"知识论译丛"，幸得他们认可并列入其中。因涉及出版费，经郑祥福教授审阅，同意由浙江师范大学学科经费资助本书出版。工作单位虽有变化，彼时签订的合同中所约定的几本书的翻译也历经数年方才陆续完成，但对浙江师范大学的感念之情将会永远存续。

　　本书翻译过程中，我曾意图联系库克拉教授，求教书中某些不易理解的地方并恳请撰写中文版序言，尽管辗转得到回复，但却不是来自他本人。2018年2月他的妻子凯拉（Kaila Kukla）告知，库克拉教授"罹患渐进性神经疾病，已无法为该书的中文译本做任何工作"。这让我想起建构主义关于疾病、健康、身体的讨论，尽管可以称赞建构主义的敏感性开启了一个针对这类问题的新领域，甚至进一步延伸到疾病的治疗、护理等更为具体的理论与实践，也许还可以像弗兰克（Arthur W. Frank）在《受

_____

① 索卡尔，德里达，罗蒂，等. "索卡尔事件"与科学大战：后现代视野中的科学与人文的冲突. 蔡仲，邢冬梅，等译. 南京：南京大学出版社，2002.

伤的讲述者：身体、疾病与伦理》（*The Wounded Storyteller：Body，Illness，and Ethics*）① 中用探索性叙事的方式，利用生病的契机实现对自我和社会的更深刻的理解，为共同体的更大智慧做出贡献。然而无论如何，库克拉教授罹患的疾病、他几乎无法言语等都是事实，至少在此时此刻的我看来，根本无法被建构或者不是建构的结果。而这类事实的发生在一定程度上必定是令人悲伤的，即便可以构想另一个意义的世界，将生病、死亡放到一个新的轮回中，似乎也无济于事。

在本书出版过程中，中国人民大学出版社杨宗元、张杰、崔毅等老师始终以宽容的态度对待我的拖延，在此致以诚挚的谢意。这里特别要感谢本书责任编辑符爱霞老师在编校中所做的大量繁琐而辛苦的工作，她的细心、专业的态度几乎体现在译稿的每一个地方。当然，由于学识所限，经验阙如，难免有所疏漏，这个译本必定还存在不少错讹或不当之处，其中责任由我承担。读者诸君阅读中若有发现，敬请不吝赐教。

方环非

2022 年 5 月 30 日谨识于风则江畔

---

① Arthur W. Frank. The Wounded Storyteller：Body，Illness，and Ethics（2nd edition）. Chicago and London：University of Chicago Press，2013.

知识论译丛

主编　陈嘉明　曹剑波

判断与能动性
［美］厄内斯特·索萨（Ernest Sosa）/著　方红庆/译

认识的价值与我们所在意的东西
［美］琳达·扎格泽博斯基（Linda Zagzebski）/著　方环非/译

含混性
［英］蒂莫西·威廉姆森（Timothy Williamson）/著　苏庆辉/译

社会建构主义与科学哲学
［加］安德烈·库克拉（André Kukla）/著　方环非/译

知识论的未来
［澳］斯蒂芬·海瑟林顿（Stephen Hetherington）/主编　方环非/译

知识论
［美］理查德·费尔德曼（Richard Feldman）/著　文学平/译

北京市版权局著作权合同登记号：01-2017-4456

图书在版编目（CIP）数据

社会建构主义与科学哲学/（加）安德烈·库克拉著；
方环非译. --北京：中国人民大学出版社，2023.4
（知识论译丛/陈嘉明，曹剑波主编）
书名原文：Social Constructivism and the
Philosophy of Science
ISBN 978-7-300-31523-2

Ⅰ.①社… Ⅱ.①安…②方… Ⅲ.①建构主义-社
会哲学-研究②科学哲学-研究 Ⅳ.①B0②N02

中国国家版本馆 CIP 数据核字（2023）第 044643 号

知识论译丛
主编　陈嘉明　曹剑波
社会建构主义与科学哲学
［加］安德烈·库克拉（André Kukla）　著
方环非　译
SHEHUI JIANGOU ZHUYI YU KEXUE ZHEXUE

出版发行	中国人民大学出版社			
社　　址	北京中关村大街 31 号		**邮政编码**	100080
电　　话	010－62511242（总编室）		010－62511770（质管部）	
	010－82501766（邮购部）		010－62514148（门市部）	
	010－62515195（发行公司）		010－62515275（盗版举报）	
网　　址	http://www.crup.com.cn			
经　　销	新华书店			
印　　刷	北京联兴盛业印刷股份有限公司			
开　　本	720 mm×1000 mm　1/16		**版　　次**	2023 年 4 月第 1 版
印　　张	13.25 插页 2		**印　　次**	2023 年 4 月第 1 次印刷
字　　数	193 000		**定　　价**	68.00 元